KB115186

천만 관객의 비밀

흥행의 고수들은 어떻게 일하는가

천 ★ 만

관객의

비 밀

윤제균
우민호
이준익
최동훈
이병헌
진모영
원동연
양우석
이윤정
박은정
강효미

천만 감독들에게 배우는 열정, 협업, 공감의 기술

최광희 지음

챕밥

천만 관객 영화의
성공 비밀은 무엇인가

내 직업은 영화를 보고 평하는 것이다. 어떤 영화에 무슨 의미가 담겨 있는지 분석하고 해설해주는 것 역시 영화평론가로서의 내 역할이다. 나는 지난 15년 동안 영화와 관련해 많은 글을 써왔다. 여기저기 방송에도 나가 다양한 영화를 소개해왔다. 그러다 보니 수많은 영화의 흥망성쇠를 지켜볼 수 있었다. 많은 영화인들을 만났고, 흥행 결과 때문에 환호하는 모습, 또 정반대로 실망하고 좌절하는 모습도 보았다.

　따지고 보면 모든 영화는 흥행을 목적으로 한다. 영화는 예술이자 극장유통망을 통해 판매되는 상품의 성격을 동시에 가지고 있기 때문에 필연적으로 이윤 추구라는 동기를 갖는다. 한마디로 수익을 만들어내야 하는 것이다.

그렇다면 어떤 영화가 '흥행했다'고 말할 수 있기 위해서 갖춰야 할 조건들은 무엇일까? 엄청난 대박을 터뜨리는 작품도 있지만 어떤 경우엔 그저 손익분기점을 넘기기만 해도 흥행했다고 말할 수 있는 영화도 있다. 영화의 흥행이란 단순히 관객 수가 얼마냐가 아니라 엄밀히 말해 들어간 제작비를 고려했을 때 창출되는 이익을 얼마나 많이 남겼느냐를 따져야 한다.

가령 제작비 100억 원이 들어간 영화가 손익분기점을 넘어서려면 대략 300만 명 이상의 관객을 동원해야 한다. 그런데 이걸 고려하지 않고 200만 명 정도 들었다고 흥행했다 말하면 우스운 일이 된다. 실제로, 심지어 기자들조차 그렇게 오해하는 경우가 많이 있다. 반대로 10억 원 정도의 소박한 제작비를 쓴 영화는 30만 명 정도만 들어도 손익분기점을 넘긴다. 이런 영화는 100만 명만 들어도 대박인 것이다.

어쨌든 영화에서 성과를 창출해내는 것은 다름 아닌 '흥행'이라는 키워드로 요약할 수 있다. 엄청난 제작비를 쏟아부은 대중영화이든 저예산으로 소박하게 만든 예술영화이든 일단 극장에 내걸려 관객들을 만나기 시작한 순간부터는 흥행이라는 단 하나의 목표를 향해 달려가야 하는 숙명을 안게 된다. 수많은 영화의 흥행 성패를 비교적 가까운 위치에서 지켜보다 보니 영화 흥행이라는 게 비단 영화 그 자체에만 국한된 문제가 아니라 다양한 분야에 적용될 수 있는 시사점을 가지고 있다는 걸 절감하게 됐다.

그렇다면 왜 어떤 영화는 흥행에 성공하고, 어떤 영화는 실패하는 걸까? 그리고 흥행 영화를 만들어내는 감독들에게서 발견되는 공통분모는 무엇일까? 이런 질문에 대한 답을 찾다 보면 바로 우리가 속해 있는 다양한 분야에 적용할 만한 교훈들을 끄집어낼 수 있을 거라 믿는다.

그래서 만났다. 천만 이상의 관객을 동원한 이준익(〈왕의 남자〉 〈사도〉), 윤제균(〈해운대〉 〈국제시장〉), 최동훈(〈도둑들〉 〈암살〉), 양우석(〈변호인〉) 감독을 비롯해 천만에는 미치지 못했지만 의미 있는 흥행 성공을 거둔 우민호(〈내부자들〉), 진모영(〈님아, 그 강을 건너지 마오〉), 이병헌(〈스물〉) 감독 역시 직접 만나 얘기를 나눴다.

흥행을 만들어내는 데에는 다양한 분야의 전문가들이 개입한다. 제작자의 기획력, 배급사의 전략 그리고 마케팅적인 요소들 역시 감독의 창의력만큼이나 흥행 성과에 큰 영향을 미친다. 그래서 각 분야의 전문가들 역시 만나 인터뷰를 진행했다. 그리고 그들이 가진 성과 창출의 노하우는 어디에 있는지를 탐색해봤다. 성과 창출의 고수라고 부를 수 있는 흥행 감독들, 각 분야 전문가들과의 대화를 바탕으로 앞으로 우리는 성공적인 성과를 창출해내기 위해 반드시 필요한 것들은 무엇인지 살펴보게 될 것이다. 그리고 그 필요충분조건은 아래의 세 가지 키워드로 요약될 수 있다.

#1. 열정

홍행이라는 성과를 만들어낸 영화감독들이 이구동성으로 말하는 것, 그건 다름 아닌 '열정'이다. 영화감독들에게 그것은 바로 창작에 대한 열정 또는 창의적 열정이라고 할 수 있을 것이다. 열정이 필요한 건 너무나 당연하다고? 당연하지만 쉽지 않은 일이다. 왜냐하면 그 열정은 어떤 위기가 닥치거나 실망과 좌절이 되풀이되는 상황을 맞이하면 금세 차갑게 식어버릴 가능성이 크기 때문이다. 그래서 단순하게 "열정을 가져라. 열정만 가지면 안 되는 게 없다"라고 얘기하는 건 어쩌면 무책임한 일일 수도 있다.

그렇다면 여기서 우리에게 중요한 건 열정을 갖되 그 열정이 식지 않도록 어떻게 관리하고 창의적 에너지로 승화시킬 수 있느냐일 것이다. 그러기 위해선 어떻게 해야 할까. 여러분은 이 책에서 흥행 감독들이 자신들의 열정을 어떤 방식으로 유지하고 가다듬어 왔는지를 확인하게 될 것이다.

열정이 있으면 누군가 나를 데려가 줄 귀인이 나타나지 않을까, 라는 생각을 했어요. 〈두사부일체〉 감독을 할 때도 "월급쟁이가 감독한다고? 미쳤나?" 그랬어요. "그럼 제가 기획서 만들어 올게요" 하고 2주 동안 잠도 안 자며 보냈죠. 그렇게 비디오 30~40 개를 데모테이프로 만들어 투자자에게 프레젠테이션을 했어요.

계속 이렇게 열정적으로 하니까 반응이 오더라고요. 저는 사실 충무로 경험도 없잖아요. 현장 경험도 없고. 그런데 "너 정도 열정이면 어지간한 감독보다 못하진 않겠지" 하더군요.

윤제균, 〈해운대〉 〈국제시장〉 감독

모든 일이 그렇지만, 영화라는 게 일단 시작하고 버티는 게 참 어려운 것 같아요. 하지만 포기하지 않는 거, 그것만 한 열정이 또 어디 있나요. "엄청난 명작을 만들 거야"가 아니라 "포기하지 않을 거야"라는 게 열정인 거 같아요. 매일 술 마시면서 느슨하게 살았는데, 생각해보니 저도 열정이 있었네요. 버텼으니까요. 10년을 쥐꼬리만큼 벌면서 시나리오 공모전에 작품도 내고 거의 쉬지 않았거든요. 쉬지 않고 일하고 있으면 그게 열정인 거죠. 열정이란 단어, 그렇게 어려운 말만은 아닌 것 같아요. 그러고 보니 지금도 저는 열정 안에 있네요.

이병헌, 〈스물〉 감독

열정은 당연히 자기가 하고 싶은 거죠. 〈워낭소리〉의 이충렬 감독은 소와 할아버지가 같이 살고 있는 소재를 찾기 위해서 전국 농촌 마을의 이장들을 3년 동안 만나고 다녔다는 설이 있죠. 저 같은 경우는 어느 순간에 꽂힌 거죠. 길을 가다 어느 아가씨가 맘에 들어서 쫓아가 "커피 한잔 하실래요?" 하고 말을 건 경우요. 그런데 그 어떤 경우가 됐든 정말 하고 싶은 욕망이 열정으로 변화되는데, 중요한 지점들은 거기에 상당히 그럴싸한 근거가 필요하다는 겁니다. 전 독특하고 이국적이고 그리고 보편적인 근거들을 열정의 베이스로 깔았거든요. 그래서 그냥 단순하게 '하고 싶다'는 것이 열정이 아니라 거기에 충분할 만큼의 근거들을 가지고 전진하는 거, 그게 열정 같아요.

진모영, 〈님아, 그 강을 건너지 마오〉 감독

#2. 협업

많은 이들이 영화를 감독의 예술이라고 생각한다. 실제로 그렇다. 영화감독은 자신의 영화를 가장 앞에서 진두지휘하고 영화의 전체적인 톤과 개성을 책임지는 가장 중요한 역할을 담당한다.

하지만 그렇다고 해서 감독 혼자서는 절대 영화를 만들 수 없다. 수많은 스태프들과 배우들의 협력이 필수적이다. 그래서 영화는 협업의 예술이기도 하다. 적게는 수십 명, 많게는 수백 명에 이르는 다양한 분야의 전문가들이 모여 만드는 게 영화다. 영화의 창작 과정은 그들 사이의 조화와 앙상블이 상당히 중요할 수밖에 없다.

비단 영화뿐이겠는가. 우리의 조직 생활도 마찬가지다. 목표를 공유하고 그 목표를 향해 각자 맡은 분야에서 최선을 다하되, 함께 일하는 사람들과의 협업을 외면한다면 제아무리 자기 분야에서 특출한 사람이라고 할지라도 성과를 창출해내기는 어려워진다.

많은 흥행 감독들에게서 발견되는 공통분모는 그들이 '협업의 달인'이라는 점이다. 훌륭한 인재를 적재적소에 배치하고, 그들 각자가 가진 최대치의 능력을 발휘할 수 있도록 조율하는 '조율의 마법사'이기도 하다. 이 책의 제2장에서는 영화감독들의 철학을 바탕으로 어떻게 원활한 협업을 통해 최적의 성과를 창출해낼 수 있는지를 살펴보게 될 것이다.

협업이라는 것은 결국 작업 과정의 즐거움을 나누는 거라고 생각합니다. 고통마저도 나누는 것이죠. 영하 13도에서 영화를 찍으면서 같이 벌벌 떠는 거죠. 그 고통을 오래 나누고 싶진 않지만 그것을 같이 경험해보는 거. 그렇다면 이미 본질적으로 우정을 나누고 있는 것이죠.

최동훈, 〈도둑들〉 〈암살〉 감독

인사人事가 만사萬事라고, 배역이 정해지는 순간 감독의 디렉션은 끝났다고 생각해요. 왜? 배우들이나 스태프들이 그날 찍을 대사나 장면의 상황과 설정에 대해 나보다 훨씬 많이 고민하고 오거든. 촬영감독이나 배우들이 나보다 더 많이 자기 분야에 맞는 롤을 치열하게 준비해 와요. 감독이 혼자 할 수 있는 게 뭐 있어? 아무것도 없어요.

이준익, 〈왕의 남자〉 〈사도〉 감독

제가 생각하는 협업은 서로에 대한 배려와 존중이에요. 그게 일
단 기본적으로 돼 있어야 같이 일을 할 수 있다고 봐요. 위치와
포지션, 지위를 떠나서 말이죠. 제 연출이 막 나갈 때라도 배려
가 있어야 하고 존중이 있어야 합니다.

우민호, 〈내부자들〉 감독

#3. 공감

영화의 흥행은 기본적으로 관객들과의 폭넓은 공감대를 형성하는 것
이다. 관객들이 굳이 보고 싶지 않은 영화를 골방에서 자기 혼자 보기
위해 만드는 창작자는 존재하지 않을 것이다. 당연하게도 어떤 영화
감독이든 공감을 이끌어내기 위해 노력한다. 더 많은 관객이 공감하
게 되는 작품이 곧 흥행으로 이어지는 것이다. 반대로 그렇지 못한 경
우엔 흥행 실패로 귀결된다.

　　어떻게 공감을 만들어낼 것인가의 문제는 결코 쉬운 일이 아
니다. 왜냐하면 영화의 기획, 제작, 배급, 마케팅 등 모든 과정에서 공
감을 극대화할 방안을 연구하고 실행해야 하기 때문이다. 우리의 영
화를 어떤 대상들이 보게 만들 것인가, 그 타깃을 정하는 단계에서부
터 공감을 얻을 수 있어야 한다. "이 영화는 20대들이 공감할 거야"
혹은 "우리 영화는 아마도 중장년층들이 좋아할 거야", 그렇게 사전
에 예측한다 할지라도 그 예측이 빗나가는 경우는 수도 없이 많다. 틈

새라는 건 그래서 존재하고 그 틈새를 영리하게 파고든 작품들이 성공한 사례도 적지 않다.

무엇보다 중요한 건 영화가 매력적이어야 한다는 것이다. 매력이란 단순히 참신하다는 걸 의미하지만은 않는다. 관객(소비자)들이 어떤 상태에 놓여 있는지를 이해하고 그들과의 익숙한 소통 방식을 통해 기존에는 보지 못했던 무언가 다른 걸 전해줄 수 있어야 한다. 언제 영화를 개봉할 것인가도 아주 중요한 문제다. 또 그만큼 중요한 건 영화를 어떻게, 어떤 방식으로 포장할 것인가이다.

이런 모든 문제는 공감을 극대화하기 위해 풀어야 할 숙제들이다. 이런 숙제들은 협업의 예술인 영화의 특성상 영화감독들만이 짊어지고 갈 수 없다. 기획자가 있고 배급사가 있으며 영화 마케터들이 있는 것은 그 때문이다.

저는 공감에도 어떤 형식이 있다고 생각합니다. 〈변호인〉을 만들 때 영화적으로 제가 이뤄야겠다, 이건 지켜야겠다고 생각한 건 법정영화의 장르적 완성도를 반드시 담보하고 가야겠다는 것이었습니다. 영화만 놓고 볼 때 여기에 어떤 걸 갖춰야 영화적으로 한국영화에 보탬이 됐다고 감히 말할 수 있을까를 고민했죠.

양우석, 〈변호인〉 감독

나 스스로가 착하게 살려고 하는 게 공감인 거 같아요. 내가 만든 영화는 결국 나처럼 나올 텐데 자기는 안 그러면서 다른 사람들의 착한 모습을 영화 속에서 보여주면 결국 제작자가 연기하는 거잖아요. 근데 내가 만약에 그런 선한 마음을 갖는다면 나는 그 자세가 그냥 공감으로 가버리는 게 아닌가, 라고 생각해요. 남의 공감이 아니라 나로부터의 진실성 있는 공감이 중요해요. 연기는 하지 말자, 적어도 전 그렇게 생각해요.

원동연, '리얼라이즈픽쳐스' 대표,
〈미녀는 괴로워〉 〈광해, 왕이 된 남자〉 등 제작

누군가가 자신이 평소에 하고 싶은 얘기를 했고 그것이 듣는 이에게 위로가 됐을 때 공감이 이뤄지는 거 같아요. 결국 감독이나 기획자나 제작자가 듣고 싶은 이야길 해주는 게 아니라 내가 하고 싶은 얘기를 건넸을 때 관객이 그 이야기를 통해 위로받는 순간 공감이 이뤄지는 거 같고, 그 이야기를 듣고 싶은 관객이 많을 때 보다 높은 흥행 결과를 내기도 하고요.

강효미, '퍼스트룩' 이사,
〈도둑들〉 〈변호인〉 〈베테랑〉 등 마케팅 담당

앞서 나는 모든 영화가 필연적으로 흥행을 목적으로 한다고 말했다. 흥행을 영화 비즈니스적 차원에서의 성과라고 했을 때, 결국 영화 흥행이란 영화감독의 창의적 '열정'이 훌륭한 배우, 스태프들과의 원활한 '협업' 과정을 통해 관객과의 폭넓은 '공감'으로 창출된 성과라고 요약해볼 수 있을 듯하다. 영화가 흥행을 향해 가는 과정은 흥미롭게도 다양한 분야에서 성과를 창출하려는 여러분의 노력에 적용될 수 있는 효과적이고도 의미 있는 힌트들을 제공한다. 흥행 감독들은 그런 면에서 굉장히 유용한 참고서이기도 하다.

열정, 협업 그리고 공감. 이것이 흥행 감독들의 경험과 이야기를 통해 도출되는 성과 창출의 세 가지 키워드이다. 앞으로 이 키워드들에 대해 더 구체적이고 자세하게 살펴볼 것이다.

최광희

목차

천★만
관객의
비★밀

제1장

어떻게
열정을
유지할
것인가

우리 모두는 우리 안에 숨겨진 정원과 식물을 갖고 있다.
달리 비유하면 우리 모두는 언젠가 분출하게 될 활화산이다.

― 프리드리히 니체

기다림은
버려지는 시간이
아니다

저는 쉽게 말해서 샐러리맨이 영화감독이 된 보기 드문 케이스인데, 당신이 어떻게 영화감독이 되었느냐 물어보면 꼭 한마디를 해요. '새옹지마'라는 이야기를 하거든요. '새옹지마'의 사전적 의미가 인생의 길, 흉, 화, 복은 언제, 어디서, 어떻게 될지 모른다는 뜻이잖아요.

윤제균, 〈해운대〉 〈국제시장〉 감독

그냥 견디는 거죠. 결과적으로 데뷔할 때까지 10년이 걸렸는데, 10년이 걸릴 거라고 예상을 안 했죠. 하다 보니까 10년이 되어버린 거예요. 그만두거나 다른 길을 선택하기엔 이미 너무 많이 와버린 거죠. 다른 갈 데도 없고. 그러니까 이걸로 어떻게든 승부를 봐야지, 이렇게 생각했던 것이고. 그리고 그 10년의 백수 생활이 창작의 어떤 근원이 되지 않았을까 싶어요.

우민호, 〈내부자들〉 감독

한 편의 영화가 만들어지는 데 짧게는 2년, 길게는 3년에서 10년까지 걸리는 경우도 있다. 영화가 만들어지는 기간이 그 정도인데 영화를 만드는 감독들은 그보다 더 오래 기다림의 시간을 갖게 된다. 그렇게 해서 막상 영화를 만들어도 그 작품이 흥행이 될지의 여부는 또 다른 문제이다.

한국에서 개봉하는 연간 100여 편의 한국영화 가운데 소위 흥행이라는 걸 한 작품은 불과 20퍼센트에도 미치지 못한다. 길고도 오랜 기다림 끝에 드디어 연출의 기회를 잡았어도 만약 그 영화를 연출한 감독이 흥행에서 좋은 성과를 내지 못했다면 그는 다시 한 번 기다림의 터널, 기다림의 어두운 동굴 속에서 칩거해야 하는 신세가 된다. 예전에 익숙했던 영화감독들이 지금 어디서 뭘 하고 있는지 도통 소식이 들리지 않는 경우도 허다하다. 그런 경우엔 십중팔구 다음 기회를 노리며 어디선가 기다리고 있는 것이다. 영화감독을 꿈꾸지만 감독 데뷔의 기회를 잡지 못한 수천 명의 예비 영화감독들도 있다. 그들 중 적지 않은 사람들이 도중에 포기하고 다른 길을 택한다. 하지만 여전히 기다리고 있는 이들도 있다. 아니, 많다.

여러분은 성과가 날지 안 날지 확실성이 막연하고 불투명한 프로젝트를 위해 얼마나 많은 시간을 기다릴 수 있는지 스스로 질문해본 적이 있는가? 1년? 2년? 단기간에 성과를 내야 하는 일이라면 모르겠지만 멀리 보고 나아가야 하는 입장이라면 기다림은 숙명일지도 모른다.

"아, 저 일에 내가 나서면 잘할 수 있는데 왜 이렇게 사람들이

날 몰라주지?"

열정은 샘솟는데 좀처럼 기회가 오지 않는 경우도 많다. 그런데 여기서 간과하지 말아야 할 것이 있다. 바로 기다림은 단순히 시간을 버리는 일이 아니라는 것이다. 오히려 그 시간 동안 열정을 가다듬으면서 우리 스스로 익어갈 기회로 활용할 수 있다.

기 다 림 , 사 람 이 익 어 가 는 시 간

2015년 말 개봉한 영화 〈내부자들〉은 한국영화사에 상당히 의미 있는 흥행 기록을 세웠다. 청소년 관람불가 등급의 영화로는 역대 최고의 흥행 성적을 낸 것이다. 동원 관객 수는 사실상의 감독판이라고 할 수 있는 〈내부자들: 디 오리지널〉이 모은 208만 명까지 합쳐 총 915만 명이다. 지난 2001년 800만 명을 동원했던 〈친구〉라는 작품의 기록을 무려 15년 만에 경신한 것이다. 청소년 관람불가 등급의 영화로 900만 명을 넘겼다는 것은 15세 이상 관람가나 12세 이상 관람가 영화가 천만 명 이상의 관객을 동원한 것과 맞먹는 수준이라고 할 수 있다. 영화계에서는 청소년 관람불가 영화가 600만 명을 넘어서면 대략 천만 명을 동원한 흥행 성적과 동일시한다. 그만큼 〈내부자들〉이 만들어낸 흥행 기록은 하나의 신드롬이라고 불러도 무방할 만큼 대단한 것이었다.

그런데 이 영화를 연출한 우민호 감독은 그전까지는 크게 이름이 알려지지 않은 영화감독이었다. 이전에 만든 두 편의 영화가 있긴 했지만 모두 흥행과는 거리가 멀었다. 우민호 감독이 장편 영화감독으로 데뷔한 것은 2010년 작인 김명민 주연의 〈파괴된 사나이〉였다. 그때 그는 이미 불혹의 나이를 코앞에 두고 있었다. 그러니까 서른아홉 살이 될 때까지 영화감독 준비생으로 있었던 셈이다. 그렇다면 우민호 감독은 과연 그때까지 뭘 하면서 지냈을까?

우민호가 10년의 기다림을 견딘 비결

최광희 감독님이 2000년에 단편을 내시고 〈파괴된 사나이〉가 데뷔작이셨으니까 그때까지 10여 년 시간이 흘렀어요. 그사이에 어떻게 먹고사셨습니까?

우민호 그냥 백수였죠. 백수니까 부모님이 뒷바라지 다 해주셨죠. 허허. 그런 거죠, 뭐. 구체적인 벌이는 없었어요.

최광희 벌이 자체가 없었으니 사실상 실업자잖아요. 이른바 '통계에 잡히지 않는 실업자'.

우민호 한 10여 년 동안은 사회 구성원으로서 역할을 못했던 거죠.

최광희 열정을 가지라는 말은 많이들 하는데, 말이 쉽지 사실 데뷔를 못 한 상태에서 10년 넘게 기다리는 상황이면 그 열정이라는 것도 어느 순간 식을 수밖에 없지 않겠습니까?

우민호 당연히 피해의식과 자격지심이 생기죠. 하지만 그걸 좋은 쪽으로, 좋은 에너지로 가져가려고 노력했어요. 반드시 보여주고 말리라!

최광희 일종의 독기 같은 게 생기는 건가요?

우민호 그런 거 생기죠. 그래서 감독들이 성질이 더럽잖아요. 하하! 그럴 수밖에 없는 게, 그런 일을 겪다 보니까 나중에 영화가 잘되더라도 그런 습성이 몸에 배어 있는 거예요. 정신 상태도 그렇고.

최광희 '나는 이게 전부다. 너희들 못 따라오면 안 된다. 나한테는 전부니까. 내가 여기까지 오느라고 얼마나 생고생을 했는데.' 그런 마음이라고 봐야 할까요?

우민호 그게 꼭 그렇지만도 않은 게, 어느 순간부터 영화가 제 전부가 될 수 없다는 생각을 하게 됐거든요. 영화는 내 인생의 한 부분이지 전부라고 생각하는 순간 힘들어지더라고요. 주변의 친구들도 떠나고, 사랑하는 여자도 떠나고, 뭔가가 다 안 돼요. 영화는 그냥 인생의 한 부분일 뿐, 행복하게 사는 것 자체가 인간의 궁극적인 목표 아닐까요? 영화는 행복하게 살아가기 위한 중요한 요소 중 하나인 거지요.

　그렇게 생각하니까 조금 더 편해졌어요. 가령 영화가 행복하게 살아가는 데 방해 요소가 된다, 그럼 과감하게 안 찍는 게 맞겠죠. 물론 그 고통을 매개 삼아 창작하시는 분도 있지만 저는 그렇게는 못 하겠더라고요.

우민호, 〈내부자들〉 감독

길고 긴 기다림의 시간 동안 독기를 품는 한편, 그 독기를 창작의 에너지로 승화시키는 것, 그리고 그 안에서 영화가 인생의 전부는 아니라는 관조적 태도를 갖게 된 것, 이 모든 것이 그가 익어가는 과정의 일환이 아니었을까? 그리고 그것이 결국 영화 〈내부자들〉이라는 활화산으로 폭발하게 된 것은 아닐까?

절박함은 잠복해 있던 열정을 끄집어낸다

다른 감독들은 흥행 영화 한 편 만드는 것도 하늘의 별따기고 천만 영화는 언감생심일 터인데 〈해운대〉와 〈국제시장〉, 두 편이나 천만 영화를 만든 이가 있으니 바로 윤제균 감독이다.

윤제균 감독은 영화를 전공한 사람도 아닌 평범한 샐러리맨이었다. 고려대 경제학과를 졸업하고 광고업체인 LG애드에 입사했다. 물론 오래전부터 영화를 좋아하긴 했지만 스스로 영화감독이 될 거라곤 꿈도 꾸지 못했다. 그런 그가 어쩌다 천만 감독의 반열에 오르게 된 것일까?

윤제균이 영화감독이 된 비하인드 스토리

많은 분들이 기억하실 텐데 1998년도 IMF 때요. 제가 1998년 4월에 결혼을 했어요. 당시에는 전 직원이 돌아가면서 한 달간의 무급 휴직을 했죠. 1998년 8월에 제 무급 휴직 차례가 왔어요. 직장인들에게 한 달간 휴직이라는 건 평생에 못 올 기회잖아요. 근처에 동기들은 다 해외여행 가고 그랬는데 저는 1998년 4월 결혼할 당시가 제 인생에서 경제적으로 가장 어려울 때였어요. 거짓말이 아니라, 와이프도 1998년 1월에 명예퇴직을 당했죠. 둘이 4월에 결혼을 했는데, 8월이 되니까 통장에 단돈 만 원도 없더라고요. 와이프랑 해외여행을 가고는 싶은데 돈이 없으니까 집에 있을 수밖에 없었죠.

경기도 군포의 20평쯤 되는 다세대 주택에서 신혼살림을 시작했는데, 그 좁은 공간에 둘이 돈도 없이 있으니까 싸움밖에 안 나는 거예요. 4월에 결혼했는데 8월에 와이프 입에서 '같이 사네 마네' 이런 얘기가 나왔죠. 근데 저는 헤어질 수가 없었어요. 왜냐하면 저는 장남에, 장손에, 외아들에, 홀어머니를 모시는 가장이었기 때문에 이혼은 못 하겠다 했죠.

이혼을 안 하려면 안 싸워야 하잖아요. 안 싸우려면 안 보면 되잖아요. 그런데 밖으로 나가려니까 돈은 없고, 한 공간 안에서 안 싸우려면 안 봐야 하고. 그래서 작은 방으로 들어갔어요, 거의 한 달을요. 그 한 달 동안 특별히 할 일이 없었는데, 세상에 돈 없이 할 수 있는 일이 딱 글 쓰는 거 하나밖에 없더라고요. 그

래서 영화를 전공하지는 않았지만 진짜 영화를 좋아하고 사랑
했던 마음은 있으니 한 달 동안 마음속의 영화를 만들어보자 해
서 시나리오를 쓰기 시작했던 거죠.

윤제균, 〈해운대〉 〈국제시장〉 감독

생활고에서 벗어나기 위해 막연하게 시작한 시나리오 쓰기. 그
때 쓴 〈신혼여행〉이라는 시나리오가 공모전에서 당선되었고 윤제균
감독은 이때부터 본격적으로 영화 시나리오를 쓰기 시작했다. 그리
고 3년 뒤인 2001년 감독 데뷔의 기회가 찾아왔다. 그 작품이 바로
당시 상당한 흥행 성적을 냈던 〈두사부일체〉였다. 뒤이어 〈색즉시공〉
까지 성공시키면서 윤제균은 일약 흥행 감독의 반열에 오르게 된다.

윤제균의 사례에서 확인하다시피 절박함은 기다림의 시간 동
안 무엇이라도 하게끔 도와준다. 만약 그가 통장에 만 원도 남아 있
지 않은 무급 휴직 기간에 아무것도 하지 않았거나 당장 입에 풀칠
하기 위해 다른 일을 했다면 어떻게 됐을까? 지금의 윤제균 감독이
있었을까? 그런 면에서 절박함이라는 것 혹은 절박한 상황에 놓였다
는 건 잠복해 있던 열정을 끄집어내는 지렛대 위에 올라탔음을 의미
할 수도 있다.

그 '열정적 절박함'은 〈왕의 남자〉로 천만 관객을 동원하고
2015년 〈사도〉로 620만 명의 관객을 모은 이준익 감독이 영화계에
발을 디딘 초창기에 아주 흥미로운 에피소드를 만들었다. 어떤 경우
에 절박함은 두둑한 배짱으로 드러나기 마련인가 보다.

이준익이 영화 감독이 된 계기

우리나라 아이들은 왜 태어나서부터 미디어를 접할 때 노랑머리 주인공에 영어 이름의 제목, 또 주인공 이름도 영어로 외워야 하고, 그거 모르면 무식한 대우를 받는지 정말 화가 나는 거예요. 그래서 '안 되겠다! 우리나라 애들에겐 우리나라를 무대로, 우리의 주인공이 나오는 영화를 만들어서 보여줘야겠다'고 생각한 거지. 그때가 서른두세 살 때인가 그랬어요.

그래서 시나리오를 썼지. 능력 없는 작가하고 능력 없는 나하고 같이 막 썼어. 배운 게 없으니까 모방을 했죠. 모방이 또 창조로 가는 과정이니까. 〈나 홀로 집에〉, 〈구니스〉, 〈다이하드〉 같은 그런 영화들의 이야기를 짬뽕시켜서 〈키드캅〉이라는 시나리오를 썼어요. 제작을 하려면 투자를 받아야 하니까 여기저기 뛰어다녔죠.

그 당시 근무했던 서울극장에는 돌아가신 곽정환 사장님이 계셨는데, 그분한테 시나리오를 주고 "내가 영화 찍을 테니까 투자하시오" 했어요. 근데 그 양반이 읽는 걸 싫어해. "야, 그거 어떤 영화인지 내 앞에서 읽어봐", 그래서 세 시간 동안 시나리오를 보면서 혼자 원맨쇼를 하는 거야. 첫 씬부터 지문 읽고 "여기서 말이죠, 준호 굴러서 총 쏘고 백화점에 들어왔는데……." 그렇게 세 시간 동안 원맨쇼를 한 거예요. 곽정환 사장이 세 시간 동안 들어보더니 "야! 재밌다. 감독이 누구냐?" 그래서 제가 "애들 영화 찍으려는 감독을 못 구해서 목마른 놈이 우물 판다고 제가 해야 할 거 같은데요" 했죠. 그러니 곽 사장이 "야! 네가 무슨 감독을 해, 인마! 네가 감독 구해오면 투자해줄게", 이렇게 된 거야. "계약서 쓰자!" 계약서도 간단해. "내가 돈 대고 네가 찍는다. 감독 구해 와라. 돈 벌면 8대 2!" 이게 다야. "너 돈 많이 벌게 해줄게. 너 8 가져가. 나 2 할게." 그렇게 그 현장에서 한 장짜리 계약서를 바로 써준 거야. 세 시간 만에.

이준익, 〈왕의 남자〉 〈사도〉 감독

이준익 감독은 원래 영화 포스터를 디자인하는 일로 영화계에 입문한 인물이다. 1980년대에 국내 개봉한 유명 할리우드영화의 포스터는 대부분 그의 작품이다. 그런 그가 대뜸 영화 제작에 손을 대기로 결심한 계기는 바로 '한국의 어린이들에게 친숙한 우리 영화를 만들어야겠다'는 소박한 생각이었다. 그런데 한 번도 영화를 연출한 적이 없는 그가 지금의 자리에 올라서게 된 것은 '목마른 자가 우물을 판다'는 절박함을 배짱으로 승화시킬 수 있었기 때문이다. 결국 이준익 감독은 투자자를 설득시켜 〈키드캅〉을 직접 연출했다. 데뷔작 〈키드캅〉은 비록 흥행에 실패했지만, 나중에 한국영화의 기둥이 될 감독 이준익이 알에서 부화한 순간이었다.

불질과 담금질,
고통스럽지만 빛나는 시간

우리 속담에 '부질없다'는 말이 있다. '쓸모가 없다', '해봤자 소용이 없다'는 뜻이다. 대장간에서 쇠로 뭔가를 만들 때 불질을 안 하면 어떻게 될까? 단단해지지 않는다. 흐물흐물해서 창이나 칼로도 못 만들고, 하물며 낫이나 쟁기로도 쓸모가 없어진다. 반대로 불질만 열심히 한다고 해서 되는 것도 아니다. 뜨겁게 달궜던 쇠를 물이나 기름에 담가 식혀야 한다. 그래야 제대로 단단해지기 때문이다. 이런 걸 일컬어 '담금질'이라고 한다.

이렇게 '불질'과 '담금질'을 오가야 쇠가 단단해지는 이치와 마찬가지로 우리의 열정도 바로 그런 과정이 필요하다. 무조건 뜨겁게 타오르는 것만이 능사가 아니다. 타오르는 것에 어떻게 적절한 담금질을 가해주느냐, 달리 말해 열정을 어떻게, 어떤 방식으로 가다듬느냐에 따라 나중에 어떤 성과를 만들어내느냐가 달려 있다는 얘기다.

〈도둑들〉과 〈암살〉, 두 편의 천만 영화를 연출한 최동훈 감독에게도 그런 불질과 담금질의 철학이 있다. 일단 그는 체력 관리를 소홀히 하지 않는다. 체력은 영화를 찍을 때의 집중력을 높이기 위해 반드시 필요하다는 게 최동훈 감독의 지론이다.

최동훈이 체력 관리를 중요하게 생각하는 이유

최동훈 영화를 찍다 보면 이게 엄청난 집중력이 필요한 일이라 그날 하루는 완전 녹초가 돼요. 제가 보통 100회 차씩 찍는데, 그렇게 영화 한 편을 찍고 나면 거의 의사가 포기한 몸이 되는 거죠. 그래서 체력 키운다고 모래주머니 차고 등산하고 그랬어요. 영화는 머리나 가슴으로 찍는 게 아니라 발로 찍는 거니까. 지금도 집중력을 키우기 위해 운동을 해요. 자전거도 타고. 저는 차를 안 타고 다니거든요. 버스나 전철 타면서 많이 걸어요. 체력이라는 게 영화 작업할 때 굉장히 중요해요. 제가 몸이 피곤하면 저 스스로도 영화를 빨리 끝내고 싶은 거예요. 그런데 정말 집요해야 하거든요. 제가 원하는 것을 반드시 여기에서 구현하지 않으면 이 시간은 다시 돌아오지 않으니까. 체력이 떨어지면 그 집요함도 떨어지는 것 같아요.

최광희 영화 한 편이 개봉하고 나면 쉬는 동안은 주로 어떤 걸 하고 지내시나요?

최동훈 저는 보통 두 달 이상 쉬지 않거든요. 두 달 동안 구상을 하고 자료를 모으고 조금씩 조금씩 준비를 해나가는데, 〈암살〉은 굉장히 만들고 싶었던 영화여서 그런지 딱 끝나고 나니까 일종의 허탈감 같은 것이 오더라고요. 〈암살〉에서 조금씩 빠져나오는 중이에요.

최광희　아직도 〈암살〉 후유증을 앓고 계신가요?

최동훈　네, 약간. 영화에서 사람이 너무 많이 죽어서 그런가?

최광희　영화가 너무 잘되어도 그런 후유증이 있나요? 〈도둑들〉이라는 영화도 굉장히 잘됐잖아요?

최동훈　그렇죠. 그런데 〈도둑들〉은 후유증이 없었어요. 그냥 '빨리 〈암살〉을 해야지'라는 생각밖에 없었는데, 의외로 지금은 하고 싶은 게 너무 많아져버린 거예요. 이것도 하고 싶고 저것도 하고 싶고. 그래서 하나씩 쳐내는 중이죠. 가만히 있으면 뭔가가 와서 뒷덜미를 탁 잡거든요. 그러니까 지금 뒷목을 내놓고 기다리고 있는 중이죠.

최광희　한 프로젝트가 결정되기 전까지는 대부분 뒷목을 내놓고 기다리고 있나요?

최동훈　그렇죠. 그런데 일단 책을 읽고 공연도 보고 그러니까, 그냥 아주 잡다한 것들을 계속해요. 여행도 다니고 사람들이랑 만나서 얘기도 하고.

최동훈, 〈도둑들〉〈암살〉 감독

　　최동훈 감독에게 불질과 담금질이라는 건 꽤 단순하다. 평소에 꾸준히 체력을 관리해 집중력을 높인다. 하고 싶은 것들 가운데 하나씩 가지를 친다. 그리고 뭔가 참신하고도 강렬한 아이디어가 뒷덜미를 잡아챌 때까지 기다린다. 그렇다고 그냥 아무것도 안 하고 기다리고 있는 것만은 아니다. 최동훈 감독의 표현을 그대로 빌리자면 '잡다한 것'들을 계속하는 것이다.

그리고 가장 중요한 것 하나! 바로 세상에 대한, 사람에 대한 관심을 놓지 않는 것이다. 〈범죄의 재구성〉의 시나리오를 쓸 당시 인물들의 대사 톤이 거의 비슷하다는 지적을 받은 최동훈 감독은 주로 버스나 지하철 같은 대중교통을 이용하면서 사람들이 나누는 대화를 귀담아들었다고 털어놓았다. 바로 그것이 그의 작품 속에서 살아 숨 쉬는 듯한 생생한 대사들이 만들어지는 원동력이 된 것이다.

열정은 훌륭한 성과를 내기 위한 필요충분조건이다. 그리고 그 열정은 기다림의 시간을 통해 숙성되고, 충분히 잠복해 있던 열정은 절박한 순간에 활화산처럼 분출한다. 무엇보다 열정은 불질과 담금질을 통해 어디로 솟아야 할지를 가늠한다. 물론 '운칠기삼運七技三'이라는 말이 있듯이 열정이나 실력만큼 운이 따라야 한다는 것도 맞는 말이다. 하지만 중요한 건 준비되지 않은 이에게 기회는 결코 찾아오지 않는다는 것이다. 흥행이라는 엄청난 성과를 만들어낸 감독들은 물론 운이 아주 좋은 사람들이긴 하지만 열정이 단단하고 정밀하게 세공되는 과정을 흔쾌히 겪어온 이들이다.

Action!

성과 창출의 필요충분조건은 조직 구성원의 '열정'이다. 열정은 담금질과 숙성의 시간이 필요하다. 목표가 달성될 때까지 기다리는 시간은 단순히 버려지는 시간이 아니라 열정이 숙성되고 가다듬어지는 시간이 될 수 있도록 적절하게 관리되어야 한다. 조직의 리더는 공유된 목표에 대해 구성원의 열정을 어떻게 최대치로 끌어낼 것인가를 항상 고민해야 한다.

즐길 수 있어야
잘할 수 있다

저는 언제나 스스로에게 물어봐요. "너는 이 영화가 나오면 보고 싶니?" 제가 너무 영화 만드는 게 즐겁고 '와, 이걸 사람들한테 보여줄 수 있다는 게 정말 흥분돼!'라고 느끼지 않으면 관객들도 그렇게 느끼지 않을 것 같거든요.

최동훈, 〈도둑들〉 〈암살〉 감독

제 이야기를 쓰다 보니까 너무 쉽고 재미있는 거예요. 저 스스로가 너무 재미있게 느껴지고, 제가 재미있으니까 다른 사람들도 재미있다는 거예요.

이병헌, 〈스물〉 감독

창작을 위한 고통은 고통이 아냐. 말도 안 되는 소리야. 지가 좋아하는 일 아니냐고. 창작의 고통이라는 그 말 자체가 잘못됐어. 지 좋아서 하는데 창작의 고통이 어디 있어.

이준익, 〈왕의 남자〉 〈사도〉 감독

'피할 수 없으면 즐겨라'라는 말, 많이 들어봤을 것이다. 그런데 사실 이 말은 그다지 바람직한 말이 아니다. 피할 수 없으니, 할 수 없으니 즐긴다는 것, 그건 이미 어떤 상황에 대해서 수동적인 마인드를 가지고 있다는 걸 뜻하기 때문이다. 그건 우리가 말하는 열정과는 거리가 있다. 열정이란 피할 수 없어서 즐기는 게 아니다. 내가 즐거울 수 있어야 잘할 수 있다.

홍행 영화를 만들어낸 감독들의 공통점은 영화를 만들어내는 과정 자체를 즐긴다는 것이다. 영화를 만드는 과정에는 다양한 국면이 있다. 기획을 하고 시나리오를 쓰는 과정, 배우와 스태프들을 캐스팅하고 현장에서 영화를 찍는 과정, 그리고 영화가 관객들에게 보이는 과정. 홍행 감독들은 그 각 단계의 과정들을 흔쾌히 즐긴다. 그러다 보면 그 안에서 자신에게 부족한 부분과 잘하는 점을 발견하게 되기 마련이다. 부족한 부분은 보완하고 잘하는 부분은 강화할 수가 있다. 어떤 면에서는 부족한 부분을 발견하는 것도 즐거움일 수 있다.

그러니까 홍행 감독들은 그렇게 자신에게 주어진 상황을 흔쾌히 즐기고, 또 즐기다 보니까 더 잘할 수 있는 일종의 선순환적인 마인드를 세팅한 셈이다.

내가 좋아해야 남도 좋아한다

영화 〈암살〉의 최동훈 감독은 지금까지 다섯 편의 영화를 찍었다. 데뷔작인 〈범죄의 재구성〉부터 〈타짜〉, 〈전우치〉, 〈도둑들〉 그리고 〈암살〉까지, 그 모든 영화가 흥행에 성공했다. 흥행작 한 편을 내는 것도 하늘의 별따기처럼 어려운 마당에 연출한 모든 작품을 흥행작으로 만든 데에는 분명 최동훈만이 가진 남다른 저력이 있을 것이다.

그런데 가만히 들여다보면 최동훈 감독이 만든 작품들은 저마다 개성과 색깔이 확연히 다르다. 〈범죄의 재구성〉과 〈타짜〉는 누아르적인 성격이 강했다. 〈전우치〉는 판타지와 코미디, 액션이 버무려진 영화다. 〈도둑들〉은 범죄 모의 과정을 담아낸 이른바 케이퍼무비였다. 그리고 〈암살〉은 일제강점기 독립투사들의 활약을 액션 활극적인 틀에 담아냈다. 이 모든 작품을 관통하는 게 과연 무엇일까? 영화 평론을 하는 나도 딱히 감지되는 게 없다. 도대체 최동훈은 뭘 좋아하는 걸까?

최동훈이 좋아하는 것

제가 어렸을 때, 극장에 가는 걸 좋아하던 중고등학교 시절에 말이에요. 영화를 보다 보면 너무 재미있어서 안 끝났으면 좋겠는 거예요. 그 영화를 보는 행위 자체가 무지 흥미로웠던 거죠. 영화감독이 될 기회가 왔을 때 '아! 관객들이 내 영화를 보면서 안 끝났으면 좋겠다고 생각할 만한 영화를 만들자!' 했죠. 너무 뭉뚱그려진 말이긴 하지만 '이 영화가 도대체 어디로 가려고 지금 이렇게 진행되는 거야?' 하는, 일종의 당혹감을 주고 싶어요. 저도 그런 감정을 느낄 때 영화 보는 게 되게 재밌거든요. 그러니까 저는 예측할 수 없고 관객을 조금 들썩이게 하는 걸 좋아하는 것 같아요.

시나리오라는 게 조금 묘한 면이 있어요. 쓰기 전에는 원대한 생각이 있었지만 첫 줄을 쓰기 시작하면서부터 생각했던 것보다 이야기가 잘 안 풀리기도 하고, 두 번째 줄을 쓰면 더 안 풀릴 때도 있죠. 그렇지만 어쨌든 제가 진짜 좋아하지 않는 건 못 쓰게 되어 있어요. 왜냐하면 이 시나리오란 걸 써서 바로 남한테 팔아먹거나 그런 게 아니라, 그냥 제가 하고 싶어서 쓰는 거니까. 그러니까 그냥 시나리오든 영화든 제 식대로 만들면 된다고 생각해요.

최동훈, 〈도둑들〉 〈암살〉 감독

최동훈 감독은 "예측할 수 없고 관객들을 들썩이게 하는 걸 좋아한다"고 말한다. 상당히 의미심장한 얘기다. 다른 말로 바꿔 말하면 그는 이미 성공적인 성과를 상상하면서 작업하는 셈이다. 영화감독들은 보통 "나는 영화를 통해 이런 말을 하기를 좋아한다"고들 말한다. 그런데 최동훈 감독은 처음부터 '관객들이 어떻게 반응할 것인가'라는 프레임을 상정하고 그들에게 당혹감을 안겨주고 싶다고 말한다. 당혹감이란 건 흥미진진한 이야기에서 빼놓을 수 없는 요소이기도 하다. 이야기의 흐름을 쉽게 예측할 수 있다면 영화가 너무 뻔해지기 때문이다.

어쨌든 자신이 만든 영화를 보며 관객들이 영화가 끝나지 않기

를 바라는 것, 요컨대 당혹감과 홍분감을 관객들에게 전달해주는 것, 이것은 처음 영화의 매력에 흠뻑 빠졌을 때 최동훈 감독 자신이 느꼈던 희열이기도 하다. 바로 그 흥분과 쾌감을 관객들에게 전달할 수 있는 '재미있는' 영화를 만드는 것이 최동훈이 가장 좋아하는 것이자 영화를 만드는 에너지인 셈이다.

그렇다면 관객들을 들썩이게 하기 위해 최동훈 감독은 어떤 마인드로 작업을 하고 있을까? 그 해답은 바로 그 자신이 영화의 첫 번째 관객이 되는 것이다. 그 첫 번째 관객을 매료시키는 영화, 스스로가 보고 싶은 영화인지를 자문해보는 것이다.

영화를 만드는 저라는 사람도 있지만 관객으로서의 저도 있거든요. 그러니까 저는 언제나 스스로에게 물어봐요. "너는 이 영화가 나오면 보고 싶니?" 제가 너무 영화 만드는 게 즐겁고 '와! 이걸 사람들한테 보여줄 수 있다는 게 정말 흥분돼'라고 느끼지 않으면 관객들도 그렇게 느끼지 않을 것 같거든요.

제가 시나리오를 쓸 때 여러 번 고쳐 쓴다고 말씀드렸는데, 그 이유는 시나리오의 어떤 부분이 좀 이상하고 제 마음에 들지 않으면 실제 촬영 때도 안 고쳐지고 편집 때도 안 고쳐지더라고요. 그러니까 저 자신이 이 시나리오를 정말 사랑할 때까지 고쳐 쓰는 게 맞는 것 같아요. 그래야 그것이 일차적으로 배우들에게서 발견이 돼요. 배우들이 '재밌는 것 같아. 이 사람은 정말 흥미로운 사람 같아'라고 자신의 캐릭터를 느끼고 촬영하면 시나리오보다 조금 더 풍부해지죠. 그렇게 느끼는 배우들과 같이 협업하게 되니까 그것이 관객들에게 전달되는 것 같아요.

최동훈, 〈도둑들〉 〈암살〉 감독

좀 뜻밖인가? 대중이 무엇을 좋아하는지 기호를 파악하고 거기에 맞춰서 영화를 만들어야 흥행이 잘되는 줄 알았는데 오히려 '나 자신의 기호와 재미'가 우선순위라니! 그런데 곰곰이 생각해보면 이렇게 타당한 얘기도 없다. 내가 즐거워야 관객도 즐겁고, 내가 스스로 공감해야 관객도 공감하지 않을까? 아이디어 구상부터 완성까지 대개 수년이 걸리는 긴 시간 동안 지치지 않고 몰입하는 힘, 그것은 결국 스스로 즐기는 마음에서 나오는 창의적 열정이다. 그 열정이 도전적인 에너지를 샘솟게 하고, 결국 성과 창출이라는 결실을 맺게 하는 강력한 무기가 되는 것이다.

단 점 이   아 닌   장 점 에   집 중 하 라

지난 2015년 봄에 300만 명의 관객을 동원한 〈스물〉이라는 작품은 50억 원의 제작비를 고려했을 때 손익분기점을 두 배 이상 넘긴 흥행작이다. 김우빈과 강하늘 그리고 준호라는 멋진 남자 배우 세 사람이 등장하는 청춘물이다. 그런데 이 배우들이 영화에서 다소 오버한다 싶을 정도로 철저하게 망가진다. 미래에 대한 진지한 고민도 있지만 바로 다음 순간 재기발랄한 농담이 이어지는 영화다. 〈스물〉이 그리는 청춘은 다소 실없어 보일 정도로 가볍고 유쾌하다.

이 영화를 연출한 이병헌 감독은 코미디에서 남다른 장기를 발휘한 감독이다. 사실 이병헌 감독은 강형철 감독이 연출한 〈과속스캔들〉과 〈써니〉라는 작품의 각색 작가로 일했다. 코미디를 잘 만드는 그의 강점은 이미 〈스물〉을 만들기 전부터 다져진 것이라는 걸 짐작할 수 있다. 그가 코미디를 잘 만들 수 있게 된 이유는 뭘까? 당연히 그는 사람들 웃기는 걸 좋아한다. 그런 성품이 고스란히 작품 속에 녹아나는 것이다.

제가 웃는 거 좋아하고 농담 좋아하고 그런 장르 자체를 좋아해요. 제가 좋아하는 거 하니까 좀 편하게 빨리 일이 진행됐던 게 아닌가 싶어요. 공포물이나 호러물 작업도 해봤는데 안 되겠더라고요. 온종일 사람 어떻게 죽일까 고민하고 무서운 생각만 하니까 너무 힘들고. 사람이 체질에 맞는 거 해야지, 머리 감을 때 무서워서 눈도 못 감겠고 안 되겠더라고요.

저는 사실 블랙코미디를 더 좋아하지만, 어쨌든 코미디나 가볍고 따뜻한 그런 작업을 하게 되면 하루 종일 저 스스로 즐거워요. 일단 시나리오 쓰면서 제가 웃어야 해요. 어설프다 싶으면 사람들한테 물어봐요. "어때? 더 고칠까? 재미있니?" 현장에서도 항상 물어봐요. "재미있냐? 저 장면 괜찮냐? 저대로 나가도 괜찮겠어?" 계속 물어보고 질문하고. 내가 쓰고 내가 연출하는

데 내가 질문을 많이 하는 거죠.

그리고 이게 어떤 쾌감도 있어요. 개봉하고 시사회 가서 보면 코미디라는 장르는 관객의 반응이 바로바로 보이잖아요. 제가 체크할 수 있는 거잖아요. 이게 살 떨리거든요. 여기서 웃어야 하는데 안 웃으면 그것만큼 가슴 조이고 얼굴 빨개지는 게 없거든요. 그런데 그런 반응을 즉각적으로 느낄 수 있는 게 코미디 장르니까, 실패했을 때 오는 좌절감도 크지만 성공했을 때 오는 쾌감도 다른 장르보다 더 큰 것 같아요.

이병헌, 〈스물〉 감독

사실 이병헌 감독은 영화 〈스물〉을 찍기 전에 자신의 자전적인 이야기를 담은 독립영화 〈힘내세요, 병헌씨〉라는 작품을 연출했다. 주인공의 이름에서부터 자신의 이름을 쓴 〈힘내세요, 병헌씨〉는 영화감독 지망생과 그의 친구들이 데뷔하기 위해 고군분투하는 가운데, 좌절하고 다시 꿈에 대한 희망을 되찾아가는 과정을 코믹한 호흡으로 담아낸 작품이다. 그러니까 이 작품은 그러한 고군분투의 산물 그 자체였다. 코미디에 발군의 실력을 가진 걸 넘어 연출에서도 탄탄한 재능을 갖추고 있음을 증명한 셈이다. 그래서 이 작품은 그가 상업영화에 데뷔할 수 있는 발판이 되었다.

그런데 〈힘내세요, 병헌씨〉와 마찬가지로 〈스물〉 역시 그의 개인적 경험담이 많이 담긴 작품이다. 그가 스무 살 시절에 겪었던 일들, 친구들의 에피소드가 고스란히 영화 속에 녹여져 더욱 생생하고도 흥미진진한 이야기로 승화됐다. 그리고 그의 또 다른 재능이 다른 이의 이야기가 아닌 바로 자신의 이야기 속에서 소재를 찾아내는 힘이라는 것도 입증했다. 그는 자신의 이야기를 할 때 가장 즐겁다고 말한다. 우리가 알다시피 그 즐거움은 흥행이라는 좋은 성과로 고스란히 이어졌다.

제 자전적인 이야기로 연출 두 작품을 했지만, 사실 그전에 저는 작가로서 영화 산업이 요구하는 글쓰기를 많이 했었어요. 저는 글 쓰는 게 취미거든요. 그냥 일기 쓰듯이 말이에요. 여행 다니는 것도 싫어하고.

근데 영화 산업이 요구하는 글쓰기를 오래하다 보니 너무 지쳐요. 너무 힘들고 괴롭고. 그럴 때 제가 쉬는 방법은 제 이야기를 쓰는 거거든요. 그런데 제 이야기를 쓰다 보니까 너무 쉽고 재미있는 거예요. 저 스스로가 너무 재미있게 느껴지고, 제가 재미있으니까 다른 사람들도 재미있다는 거예요. 그래서 〈스물〉 같은 영화도 제작이 됐던 거죠.

이병헌, 〈스물〉 감독

유난히 시대극에서 흥행작을 많이 낸 이준익 감독이나 범죄나 액션영화에서 강세를 보여온 류승완 감독 등 천만 영화감독의 반열에 이름을 올린 대표적인 흥행 감독들 역시 자신이 좋아하는 분야에 집중해 성공을 거둔 경우다.

또 다른 천만 감독인 윤제균의 경우 역시 자신의 장기를 내세운 영화, 그리고 자신이 잘 아는 것을 토대로 만든 영화들이 성공으로 이어졌다. 윤제균 감독이 연출한 두 편의 천만 영화 〈해운대〉와 〈국제시장〉은 모두 윤제균 감독의 고향인 부산을 배경으로 한 작품이다. 부산을 영화의 무대로 삼은 것은 자신의 경험에 집중할 수 있다는 윤제균의 전략이었던 셈이다.

세상에 그런 말이 있잖아요. 경험보다 앞서는 지식은 없다고. 직접 경험이든 간접 경험이든 경험이 영화에 투영되었을 때 그것이 살아 있는 활어처럼 뻔하지 않은 내용으로 담기지 않겠습니까? 경험하지 않은 걸 머리로 만들어내면 그건 상상이잖아요. 상상해서 만들어낸 이야기와 자신이 경험했던 이야기를 하는 것은 차원이 다르죠. 내 주제 파악을 하면 제가 박찬욱 감독이나 홍상수 감독이나 김기덕 감독처럼 작품성이 있는 그런 감독도 아니고, 그냥 내가 잘할 수 있는 것은 많은 대중이 좋아하는, 웃기고 슬프고 감동적이고 이런 것은 잘할 수 있으니까 그걸 극대화할 수 있는 방식으로 가자, 해서 전략적으로 재미와 감동을 추구하는 스토리로 세팅을 했죠.

윤제균, 〈해운대〉〈국제시장〉 감독

과정을 즐겨라, 그것도 아주 많이

〈왕의 남자〉로 한국영화 역사상 세 번째로 천만 관객을 돌파한 주인 공인 이준익 감독은 2015년 〈사도〉로 600만 명 이상의 관객을 동원 했다. 그런데 바로 이듬해 제작비 5억 원으로 만든 초저예산 영화 〈동 주〉를 발표한다. 사실 그가 만들어온 영화들은 대체로 꽤 큰 규모의 예산이 투입된 대중영화들이었다. 그런 그가 〈사도〉가 개봉하자마자 곧바로 〈동주〉라는 저예산 영화 작업에 돌입한 이유는 뭘까?

영화라는 것이 자본주의 논리로 돈을 많이 들였느냐 적게 들였 느냐로 그 가치를 나누는 게 아니라, 아무리 적은 돈을 들였다 하더라도 그 이야기가 가진 사이즈는 어마어마하게 클 수 있거 든요. 영화라는 게 문화적 가치와 경제적 가치, 두 가지 균형 안 에서 잘된다는 걸 20여 년 전부터 영화 활동하면서 내가 몸소 체화를 했거든요. 그래서 반드시 영화에 대한 또 다른 가치를 추 구하려는 욕구가 항상 남아 있었죠. 그 추구가 20여 년 만에 드 러난 작품이 〈동주〉고요.

결과 이전에 과정에 너무 만족해요. 결과가 과정보다 더러 불만족스럽다 하더라도 행복해요. 영화란 공동 작업이고 협동 심을 발휘해야 하기 때문에 소수의 스태프들과 뜨거운 열정을 가진 배우들이 돈으로 메우지 못한 자리를 정신과 마음과 몸으 로 메우는 현장의 협동심, 그게 어마어마하게 행복해요. 창작을

위한 고통은 고통이 아냐. 말도 안 되는 소리야. 지가 좋아하는
일 아니냐고. 창작의 고통이라는 그 말 자체가 잘못됐어. 지 좋
아서 하는데 창작의 고통이 어디 있어.

이준익, 〈왕의 남자〉 〈사도〉 감독

이준익 감독은 영화계에서 손꼽히는 일 중독자다. 십수 년간
거의 매년 직접 연출하거나 제작, 기획한 작품들을 발표해왔다. 통상
적으로 많은 감독들이 작품 한 편을 세상에 내놓으면 한동안 재충전
의 시기를 갖는 것에 비한다면 정말 놀라울 정도의 다작이다.

이준익 감독에게 영화를 제작하는 현장은 곧 즐거움이다. 창작
은 그 자체로 즐거움이기 때문에 고통이라는 말은 어불성설이다, 이게
이준익 감독의 지론이다. 그래서 그에게 가장 큰 행복감을 안겨주는
곳, 그곳이 영화 현장이기에 그는 거의 쉴 틈 없이 영화를 만들어올 수
있었을 것이다. 〈사도〉가 개봉하자마자 〈동주〉 작업에 착수한 것도 그
에겐 이상한 일이 아니다. 〈왕의 남자〉가 천만 관객을 넘기고 있을 때
이미 후속작인 〈라디오 스타〉를 만들고 있을 정도였다.

그런데 지금까지 이준익 감독이 만들어온 영화 가운데서는
유난히 시대극이 많다. 거슬러 올라가면 〈황산벌〉, 〈왕의 남자〉, 〈구
르믈 버서난 달처럼〉, 〈평양성〉, 〈사도〉, 최근의 〈동주〉까지 시대극이
여섯 편이나 된다. 베트남 전쟁 당시 남편을 찾아 떠난 여인의 사연
을 담은 〈님은 먼 곳에〉를 합치면 일곱 편이나 시대극을 찍었다. 그
가운데 〈왕의 남자〉와 〈사도〉가 가장 큰 흥행 성과를 거뒀다. 새로 만

든 〈동주〉도 비록 저예산이긴 하지만 관객 동원 100만 명을 넘기면서 흥행적으로 유의미한 성공을 거두었다.

이걸 보고 이준익 감독이 시대극을 좋아하고 잘 만든다는 결론을 내리는 건 너무 쉽고 또 성급할 수 있다. 그가 진짜 좋아하고 천착해온 것은 어쩔 수 없는 상황에 내몰려 고통스러워하는 사람들의 이야기, 즉 '비극'이라고 하는 게 맞을 것이다.

> 비극은 반드시 아름다움을 간직하고 있어요. 심지어 아름다워져야 해. 그 비극 안에서 나에게 어떤 신념과 교훈과 어떤 치유와 위안이 온다고. 그것이 비극을 붙잡은 나의 이유인 거 같아요. 일상에서 난 무지하게 많이 웃거든. 너무 웃어서 비웃는 줄 알아, 어떤 사람은. 그런데 내가 비극을 좋아하는 이유가 뭔지 알아요? 내 인생이 희극이라 그래. 현실이 비극적인 인간들이 희극을 좋아해요. 원래 인간이 이율배반적이야. 인간의 이중성. 나는 일상이 너무 재미난 인간이라서 심심한 거 못 참아. 뭐든지 재밌어야 해. 그니까 영화 속에서도 비극을 해야 삶의 균형이 맞아.
>
> **이준익**, 〈왕의 남자〉 〈사도〉 감독

지금까지 흥행 감독들의 사례를 들어보았다. 자기 일을 즐긴다는 것 자체가 그리 쉽지 않은 일인 것처럼 느껴질 것이다. 그런데 마인드를 조금만 바꿔 보면 그게 그리 어려운 일만도 아님을 알 수 있다. 무조건 즐겁게 하라는 얘기가 아니다. 즐거울 수 있는 분야와 일을 능동적으로 찾으라는 말이다. 자신이 잘할 수 있는 분야를 찾아 매달리는 그 능동성이 성공적인 성과 창출로 이어질 가능성이 커지는 것이다. 할 수 없이 억지로 하는 일과, 함께하는 사람들이 즐거운 협동심으로 나서서 하는 일 가운데 어떤 것이 더 큰 성과를 낼지는 굳이 비교할 필요가 없을 것이다.

열정을 가다듬는 두 번째 원칙, 스스로가 즐겁고 잘할 수 있는 일에 몰입하라!

Action!

개인 차원이든 조직 차원이든 참여자들이 좋아하는 것을 흔쾌히 즐길 수 있을 때 최적의 성과를 창출할 수 있다. 개인 차원에선 자신이 무엇을 가장 좋아하며 무엇을 가장 잘할 수 있는지를 찾아내는 것이 전제되어야 한다. 조직 차원에선 구성원들을 각자의 특장점에 잘 맞는 적절한 업무 영역에 배치하는 것이 중요하다. 구성원의 개성과 취향이 업무 수행에 능동적이고 긍정적으로 작용할 수 있도록 적극적으로 고려하고, 결과에 대한 지나친 압박보다는 과정 안에서 단계별로 작은 성취감을 얻을 수 있도록 해야 한다. 과정의 성취감이 높을수록 성과는 더욱 커진다.

다르게
생각하는 것이
도전이다

같은 이야기를 감독에 따라서 어떻게 정리하고 펼쳐낼 수 있는가는 또 다른 세계의 것들이다. 한 번 다뤄진 소재가 영원히 다뤄지지 않아야 되는 건 아니다. 그렇게 생각했어요.

진모영, 〈님아, 그 강을 건너지 마오〉 감독

"내가 엉덩이 내리고 응가도 하고 저잣거리에서 광대 짓 하면서 춤추고, 이게 내 이미지에 맞아요?" 이병헌이 그러기에 제가 얘기했습니다. "너 이제 월드스타에서 동네 형으로 내려와라. 너 맨날 그 고정된 이미지 가지고 어떻게 할 거냐."

원동연, 영화제작사 '리얼라이즈픽쳐스' 대표

우리가 세계 문화에 기여할 수 있는 풍부한 문화와 역사와 자질이 있다는 걸 서양 사람들한테 요만큼이라도 설명할 방법이 없는 거야. 그래서 사극을 찍어야 한다고 결심했지.

이준익, 〈왕의 남자〉 〈사도〉 감독

한 해 동안 극장에 내걸려 유의미한 관객을 동원하는 한국영화 편수는 대략 100여 편 정도 된다. 이 가운데 흥행에 성공하는 영화는 몇 편이나 될까? 보통은 10편 내외, 많아 봤자 채 20편이 안 된다. 최근에는 영화 시장의 양극화가 심해져서 극소수의 대박 영화와 대다수의 쪽박 영화로 나뉜다. 그만큼 흥행이라는 건 점점 더 쉽지 않은 문제가 되고 있다. 굳이 따져 볼 필요도 없이 흥행에 성공한 영화보다 실패한 영화가 훨씬 더 많다.

사정이 이렇다 보니 영화를 만드는 사람들이 기존의 성공 사례를 분석하는 경우가 적지 않다. 리스크, 즉 위험도를 줄이기 위함이다. 그 영화는 이렇게 해서 성공했다, 그 영화의 성공 요인은 이것이다, 이걸 분석해서 자신들의 영화에 적용하기 위해서일 것이다. 하지만 이런 방식은 자칫 답습이라는 함정에 빠지게 한다. 즉, 이미 검증된 흥행 코드 몇 개를 이것저것 꿰맞추는 영화가 탄생하게 되는 것이다. 그렇게 한다면 과연 성공을 보장할 수 있을까? 대중의 기호는 불변이 아니고 흥행의 요소 역시 엄청나게 다변적인데 말이다. 오히려 그런 영화는 진부하고 뻔하게 느껴질 가능성이 높다. 거꾸로 실패 확률을 높이는 셈이다.

그렇게 영화를 만든 이들은 처음부터 자신들의 영화가 실패할 거라고 예견했을까? 물론 그런 예측을 할 수 있다면 인간이 아니라 신이라고 봐야 할 것이다. 하지만 대부분은 실패의 가능성을 지나치게 과소평가한다. 별 근거도 없이 성공할 거라는 자신감을 갖는 건 열정이 있으되 촉을 날카롭게 가다듬지 못한 탓이다. 성공 사례만을 분석했기 때문이다. 영화는 물론 수많은 비즈니스의 영역에서도 마찬가지다. 고정관념에서 탈피할 때 열정은 참신한 방향으로 물꼬를 튼다. 오히려 성공의 법칙을 뒤집는 창의적 역발상이 필요한 이유이다.

성 공 에 안 주 하 는 순 간 발 목 을 잡 힌 다

〈왕의 남자〉로 흥행에 대성공을 거둔 이준익 감독은 이후 이른바 음악 3부작으로 불리는 영화들을 차례로 만들었다. 〈라디오 스타〉, 〈즐거운 인생〉, 〈님은 먼 곳에〉가 그것이다. 유감스럽게도 〈라디오 스타〉를 빼고는 거의 모두 흥행에 참패하고 말았다.

　　이렇게 되자 〈황산벌〉과 〈왕의 남자〉로 대박을 터뜨린 바 있는 이준익 감독은 자신의 장기인 시대극으로 돌아간다. 그래서 만든 영화가 황정민을 맹인 검객으로 캐스팅한 〈구르믈 버서난 달처럼〉이었다. 흥행 성적은 여전히 신통치 않았다. 이준익은 배수의 진을 치는 심정으로 〈황산벌〉의 후속편이라 할 수 있는 〈평양성〉을 연출하게 된다. 이때 그는 만약 이 영화가 실패하면 상업영화 감독에서 은퇴하겠다고 선언했을 정도다. 그만큼 절박했던 심경을 짐작할 수 있다. 그러나 흥행이라는 신의 손은 여전히 그의 편이 아니었다. 〈평양성〉 역시 흥행에서 찬밥 신세를 면하지 못했다.

　　그렇다면 〈평양성〉은 왜 흥행에서 실패했을까? 관객들 입장에서 그 답을 말하는 건 쉽다. 재미없었기 때문이라고 말하면 끝이다. 그런데 왜 비슷한 콘셉트의 〈황산벌〉은 490만 명을 동원하는 흥행 성공을 거둘 수 있었을까? 바로 여기에서 착시가 벌어진다. 즉, 〈황산벌〉이 잘되었으니 그와 같은 콘셉트를 가진 〈평양성〉도 잘될 거라는 착시 현상 말이다.

〈황산벌〉이 개봉한 2003년과 〈평양성〉이 개봉한 2011년 사이에는 무려 8년이라는 시간차가 존재했다. 요즘 대중문화의 트렌드는 거의 광속으로 바뀐다. 그런데 8년이나 지난 영화를 재탕해서 흥행할 수 있다고 믿었던 게 패착이었다. 그 패착을 둔 이유는 결국 성공작을 답습했기 때문이라고 말할 수밖에 없다.

'성공작의 답습'은 감독이나 제작자들이 흔히 빠지는 함정이자 덫이다. 〈태극기 휘날리며〉로 천만 고지에 올랐던 강제규 감독도 예외가 아니었다. 강제규 감독은 〈태극기 휘날리며〉에 출연한 장동건을 다시 캐스팅해 지난 2011년 〈마이웨이〉라는 전쟁영화를 내놓았다. 결과는 참혹했다. 300억 원 이상의 제작비가 들어간 국제적 프로젝트였음에도 불구하고 관객들의 반응은 차가웠다. 강제규 감독은 전쟁 스펙터클이 또 한 번 통할 거라고 믿었을 것이다. 제작비 규모도 훨씬 커졌고 장동건을 비롯한 일본과 중국 배우들까지 캐스팅하면서 다국적 영화를 추구했다. 한국영화로는 사실상 최초로 제2차 세계대전을 재연했다. 그 정도라면 관객들이 호기심을 가질 것이라고 예상했을 것이다. 그러나 규모가 크다고 해서 무조건 흥행으로 이어지지 않는다는 걸 〈마이웨이〉는 역설적으로 입증했다.

〈태극기 휘날리며〉가 흥행에 성공한 건 분단이라는 현대사의 아픔을 실제 형제가 서로에게 총부리를 겨눠야 하는 절박한 설정으로 형상화했기 때문이다. 〈마이웨이〉에는 그것이 크게 빠져 있었다. 한일 간의 젊은이가 전쟁을 겪으면서 인간애와 우정을 나눈다는 설정은 여전히 국내 관객들에게 깊이 박혀 있는 반일 감정을 거스르는 것이었다. 강제규 감독은 〈태극기 휘날리며〉의 전투 신을 규모만 키워 답습했을 뿐 정작 가장 중요한 정서의 업그레이드를 만들어내는 데는 실패했다.

〈해운대〉와 〈국제시장〉을 연출한 윤제균 감독도 '답습'이라는 면에서 쓴 맛을 한 번 본 인물이다. 그가 연출이 아닌 제작자로 나섰던 〈7광구〉라는 작품이 그것이었다.

이 영화는 괴수영화를 표방한다. 그런데 정작 괴수가 본격적으로 나오는 시점은 한참 다른 얘기를 하고 난 이후, 즉 중반부부터다. 대중영화의 시나리오 교과서들은 영화가 시작한 지 적어도 20분 안에 중심이 되는 사건이 보여야 한다고 충고한다. 그래야 관객들이 빨리 영화에 몰입할 수 있기 때문이다. 그럼에도 영화 〈7광구〉가 그 법칙을 따르지 않은 이유는 무엇이었을까? 바로 〈7광구〉의 제작사가 이전에 만든 작품이 천만 관객을 동원한 〈해운대〉였기 때문이다. 〈해운대〉에서 쓰나미가 부산 앞바다로 몰려오는 시점은 중반부 이후이다. 〈해운대〉는 대중영화의 법칙에서 벗어났음에도 불구하고 흥행에서 대성공을 거뒀다. 그러니 기존의 흥행작을 답습하여 〈7광구〉에서도 한 번 더 써먹은 것이다. 〈7광구〉의 실패 원인에 대한 이런 분석에 윤제균 감독 자신도 흔쾌히 인정했다.

〈7광구〉의 실패에 대한 윤제균의 자기반성

자만? '앞에서 이렇게 해서 성공을 했으니 또 이렇게 하면 성공하겠지'라는 자만이죠. '이 이야기 구조에서 성공했으니까 그 구조대로 하면 되겠다'라는 안일함. 영화에서 흥행을 연속으로 하기가 쉽지 않은 게, 사람이 매너리즘에 빠지고 관객을 우습게 아는 순간 대중영화 감독으로서는 한 방에 가는 거라고 생각하거든요. 관객은 영화를 만드는 제작자, 감독, 배우의 머리 꼭대기 위에 있다고 생각해요. 그런데 그것을 무시하고 '전에 그렇게 했으니 이것도 대중이 따라오겠지'라는 교만. 그 당시에는 그걸 자신감이라고 생각했죠. 하지만 되돌아보면 그것은 자만이고 교만이었어요. 결국 안일함 때문에 그런 구조를 답습한 것이 가장 큰 실패 이유였죠.

영화를 만들 때는 집단 최면에 걸려요. 저도 지금까지 열여덟 편을 제작했는데 집단 최면이 생겨서 허점이 안 보여요. 더구나 성공한 직후에는 더욱 그렇죠. 〈해운대〉 터지고 〈하모니〉 흥행 잘되고 〈퀵〉도 신인 배우들 데리고 그 정도 했으면 잘된 거니까. 게다가 〈7광구〉의 감독은 〈화려한 휴가〉의 김지훈이에요. 제작은 윤제균이고. 주변에서 당연히 잘하겠지 하는 생각을 가질 수밖에 없죠. 흥행 감독과 흥행 제작자가 붙어 있으니 조언들을 잘 안 해요. 그리고 조언을 한다 한들 귀에 잘 들어오지도 않죠. 집단 최면이 생기니까요. 흥행이 잘되다가 가끔 확 망하는 영화들 있잖아요? 그런 영화들의 경우가 감독뿐 아니라 배우나 스태프들 모두 집단 최면에 빠진 경우라고 할 수 있어요. 관련이 없는 사람들에게는 그 영화의 허점이 보여요. 하지만 그 제작 공정 안에 들어가 있는 사람들에게는 잘 안 보이죠.

대중은 너무 많은 개성의 집합체잖아요. 그래서 대중의 힘을 너무 파악하려고 하면 안 되는 것 같아요. '대중은 이렇게 하면 좋아하겠지'라고 생각하는 게 실수인 것 같아요. '한국에서는 이런 식의 영화가 언제나 흥행해'라는 식의 공식에 함정이 숨어 있다고 생각해요.

윤제균, 〈해운대〉 〈국제시장〉 감독

듣기 좋은 꽃노래도 한두 번이라는 말, 들어봤을 것이다. 성공의 기억에 안주하는 순간 그것은 오히려 우리의 발목을 잡을 수 있다. 우리가 흔히 '혁신'을 말할 때 기존의 성공 사례를 벤치마킹하려는 경향을 자주 발견하게 된다. 그러나 앞의 사례에서 확인한 것처럼 혁신은 결코 성공의 답습이 아니다. 오히려 성공 사례보다 실패 사례를 더 면밀하게 분석하는 게 현명한 것이다. 그러기 위해선 한 번 성공한 케이스가 또 한 번 성공할 수 있다는 고정관념을 버려야 한다.

예측을 벗어난 역발상의 힘

2014년 말, 극장가를 강타한 한 편의 다큐멘터리가 있었다. 평생을 함께해온 백발 노부부의 소소한 일상과 사랑을 담아낸 다큐멘터리 영화 〈님아, 그 강을 건너지 마오〉라는 작품이다. 한국에서 다큐멘터리는 좀처럼 관객이 들지 않는 장르다. 1만 명만 넘겨도 성공으로 간주하는 분위기다. 그런데 〈님아, 그 강을 건너지 마오〉의 동원 관객 수는 무려 480만 명! 다큐멘터리로선 역대 최고 흥행 성적이었음은 물론 웬만한 상업영화들과 비교해도 훌륭한 스코어다.

그런데 이 영화는 자칫 세상에 나올 수 없을 뻔했다. 이 작품에 나오는 노부부는 KBS의 〈인간극장〉을 비롯해 여러 방송 프로그램에 등장했던 분들이다. 평생을 해로한 말년의 할아버지, 할머니가 마치 신혼부부처럼 서로를 지극히 사랑하는 모습이 많은 이들에게 감동을 선사했다. 누가 봐도 매력적인 이야기였다. 그런데 이 영화가 제작되는 과정에서 반대와 우려의 시선이 많았다는 사실을 아는 이는 별로 많지 않을 것이다. 그 우려는 앞서 언급한 이유 때문이다. 즉, 이미 너무 유명해진 소재라는 것이다. 이미 많은 이들이 TV를 통해 보았던 이야기를 왜 굳이 극장용 다큐멘터리로 또 만들려고 하느냐, 십중팔구 안 될 게 뻔하다, 이런 반대의 목소리를 많이 들어야 했다. 그럼에도 불구하고 진모영 감독이 이 프로젝트에 뛰어든 이유는 무엇이었을까? 그는 오히려 '거꾸로' 생각했다.

진모영이 이미 유명한 소재를 영화로 찍기로 결심한 이유

저는 기본적으로 매우 독특하고도 이국적이면서 보편적인 이야기가 전 세계 사람들이 모두 공감할 수 있고 흥미를 느낄 수 있는 소재라고 생각했어요. 그래야 흥행이나 판매, 여러 가지 펀드를 따는 데 유리한 고지를 점할 수 있거든요. 그런데 그즈음에 우연히 이분들의 사연을 보게 된 겁니다. 그래서 이걸 해야겠다고 생각했죠. 사실 그때 의견들이 갈렸어요. "야, 그건 〈인간극장〉에서 한 것인데 또 할 필요 있겠냐?", "아니다. 괜찮다. 뭐, 어떠냐", 이런 의견 대립이었죠.

저는 저작권에 대한 것도 편하게 봤어요. 방송국에서 담은 출연자의 삶은 그것대로 의미가 있는 거고, 결정적으로 방송에서 찍은 그분들의 일상 자체가 방송국 것은 아니거든요. 그들이 찍지 않은 새로운 것을 내가 찍으면 내 것이죠. 할아버지, 할머니의 이야기는 방송사의 독점물이 아니니까요.

또 다른 측면은, 이 소재에 대해 이차적으로 영화적인 시도를 할 수 있는 구조가 열려 있는데도 하지 않는다면 그건 내가 한다. 그것이 창작자가 갖는 창의성이고, 혹여 재활용이라고 해도 전혀 문제가 없다. 그렇게 하는 게 정답이라고 생각했던 거죠.

진모영, 〈님아, 그 강을 건너지 마오〉 감독

이런 걸 두고 바로 '역발상'이라고 하는 것이다. 감독 진모영은 유명한 것이 반드시 진부할 거라는 편견을 딛고 발상의 전환을 했다. 돌아가시는 그 순간까지도 너무나 금실이 좋은 할아버지, 할머니의 아름다운 이야기, 이것은 진부함이 아니라 세대와 국경을 뛰어넘을 수 있는 보편적인 것이다, 그러므로 많은 관객들에게 어필할 것이다,

같은 소재이지만 나는 다른 방식으로 담아낼 수 있다, 이런 역발상들이 진모영 감독이 〈님아, 그 강을 건너지 마오〉에 매달리게 만든 원동력이 됐다. 그리고 엄청난 대흥행이라는 보상을 받았다.

'그들이 찍지 않은 새로운 것을 찍으면 내 것이 된다'는 진모영의 역발상은 실제 영화에 고스란히 투영됐다. 이 다큐멘터리가 TV에서 방영한 〈인간극장〉과 결정적으로 다른 것은 금실 좋던 노부부가 결국 사별을 맞이했고 바로 그 장면까지 포착했다는 것이다. 그래서 영화에는 돌아가신 할아버지의 산소를 할머니가 차마 떠나지 못하고 구슬프게 우는 장면이 첫 장면과 마지막 장면에 수미상관처럼 배치돼 있다. 바로 이 대목이 TV에서 발견할 수 없었던 극장용 다큐멘터리의 '정서'가 됐고, 그것은 관객들에게 완전히 다른 차원의 감동을 전달하는 성공적인 원동력이 됐다.

역발상의 힘을 보여주는 또 하나의 사례가 있다. 바로 2012년, 역시 천만 관객을 돌파했던 영화 〈광해, 왕이 된 남자〉이다. 이 영화는 배우 이병헌을 최초로 사극에 등장시킨 작품이다. 사실 이병헌조차 주저할 정도로 그가 사극에 출연하는 건 뭔가 어색해 보이는 일이었다. 그럼에도 영화를 제작한 원동연 리얼라이즈픽쳐스 대표는 이병헌이 아니면 안 된다는 생각으로 밀어붙였다.

〈광해〉 제작자 원동연의 이병헌 캐스팅 비하인드

안 간다는 (추창민) 감독을 데리고 미국에서 〈지.아이.조〉 찍고 있는 이병헌을 만나러 갔어요. (감독이) "우리가 꼭 가야 되냐?" 하는데 제가 그랬죠. "너 미쳤냐? 이병헌이다. 가야 된다!" 그렇게 감독을 끌고 미국 가서 이병헌을 만났어요. 캐스팅 제안을 했더니 이병헌 씨가 이런 얘기를 하더군요. "대표님, 내가 코미디가 맞아요? 내가 엉덩이 내리고 응가도 하고 저잣거리에서 광대 짓 하면서 춤추고, 이게 내 이미지에 맞아요?" 이병헌이 그러기에 제가 얘기했습니다. "너 이제 월드스타에서 동네 형으로 내려와라. 너 맨날 그 고정된 이미지 가지고 어떻게 할 거냐. 댄디하고 젠틀하고 냉정한 역할만 했던 네가 엉덩이 내리고 춤추고 까불면 얼마나 좋겠냐. 사람들이 너의 신선한 면을 보게 될 것이다. 그리고 이 영화의 묵직한 주제가 있지 않냐. 공부를 많이 한 인텔리한 사람들도 자기 욕망이 들어가고 자기 야망이 들어가니까 정치가 변질되는데, 저잣거리의 감성을 몸에 익힌 놈이 정치를 굉장히 단순하게 하니까 모든 사람이 좋아한다는 메시지도 있지 않냐. 네가 코미디만 하는 게 아니다. 메시지도 전한다." 그렇게 제가 감언이설로 꼬셔가지고 처음으로 코미디를 시켰죠. 이병헌한텐 사극도 처음이었고.

그런데 저에게는 확신이 있었습니다. 영화를 하다 보면 여러 주연 후보들 가운데 1안에서 바로 캐스팅되는 경우는 거의 없거든요. 근데 이병헌 씨는 1안에서 저희가 생각했던 배우를 캐스팅한 상당히 드문 예였죠. 우리 영화에서 제일 중요했던 게 영화의 주인공인 하선이 멋지고 상징적인 인물이 아니라 우리한테 친숙하게 다가와야 한다는 것이었거든요. 찔러도 피 한 방울

안 나올 것처럼 냉정해 보이긴 하지만 연기력이야 누구도 부인하지 못하는 이병헌이 처음으로 동네 형, 동네 오빠 같은, 휴머니즘이 기저에 깔린 그런 캐릭터를 연기한다면 거기에서 분명히 폭발력이 생길 거라고 확신했죠.

원동연, 영화제작사 '리얼라이즈픽쳐스' 대표

사실 이병헌은 도시적이고 진지한 이미지가 강한 배우다. 데뷔 이래 20여 년 동안 멜로물의 멋진 주인공이나 무게감 있는 역할들을 주로 맡아왔다. 그런 그가 시대극 안에서 코믹 연기를 한다는 것은 이병헌 자신뿐만 아니라 많은 사람들이 어색하게 느낄 만한 일이었다. 그런데 원동연 대표는 바로 그 '의외성'에 주목했다. 배우의 기존 이미지를 뒤집는 역발상으로 보기 좋게 성공을 거둔 것이다.

역발상은 매너리즘에서 벗어나는 것을 의미한다. 모두가 그렇다고 말하는 주장을 한 번쯤 뒤틀어서 생각해보는 것이다. 사람들이 하는 일에 항상 참인 공식은 존재할 수 없다. 이론이나 법칙도 그래서 시대에 따라 바뀌기 마련이다. 하물며 영화라는 창의적인 영역에서 이렇게 하면 성공한다, 저렇게 하면 망한다, 하는 공식은 있을 수가 없다. 중요한 건 '반드시 그렇다'라는 고정관념과 강박에서 벗어나는 것이다. 그랬을 때 열정에는 참신함이라는 요소가 따라붙게 된다. 강렬한 열정보다 더 설득력이 있는 건 바로 참신한 열정이다.

누구도 안 해본 것에 도전하라

기존의 고정관념 또는 매너리즘에서 벗어나는 것도 역발상이지만 누구도 하지 않는 새로운 영역에 도전하는 것도 역발상의 연장일 수 있다. 대표적인 사례가 이준익 감독이다.

'이준익' 하면 많은 이들이 〈왕의 남자〉나 〈사도〉, 〈동주〉 같은 시대극을 떠올릴 것이다. 그런데 뜻밖에도 그의 데뷔작은 〈키드캅〉이라는 어린이용 영화였다. 그런데 이 영화를 만들게 된 계기가 흥미롭다.

내가 결혼을 일찍 해서 애 아빠가 됐는데, 그 아들이 초등학교 저학년 때 방학만 되면 같이 영화를 보러 갔거든. 〈나 홀로 집에〉를 보러 가거나. 애들이 늘었어요? 줄었어요? 암튼, 그 외국 영화 있잖아요, 그런 영화들을 보는데 다 자막이야. 초등학교 저학년이 자막을 따라 읽을 수가 없잖아요. 같이 보고 나와도 의사소통이 안 돼요. 뻔한 얘기만 하고 깊이 있게 대화가 안 되는 거야. 문화의 어떤 학습 차이 때문이죠.

그래서 돌이켜 보니까 더 화가 나는 게, 나도 어렸을 때 TV에서 봤던 만화영화 중 대표적으로 기억나는 게 〈마린보이〉라는 만화영화였거든요. 흑백 TV에서 다 더빙으로 나오니까 난 그게 우리나라 건 줄 알았어. 중고등학교 가서 알아보니까 우리 게 아닌 거야. 다 미국 거고, 일본 거고, 그 배신감.

사회적 자의식이 생기면서 내가 섭취했던 문화적 자양분이 다 우리 게 아니었다는 걸 알게 된 순간 사대주의로 성장한 사람의 자각 증세가 생긴 거예요. 아니, 우리나라 아이들은 왜 태어나서부터 미디어를 접할 때 노랑머리 주인공의 영어 이름을 외워야 하고, 그거 모르면 무식한 대우를 받는지 정말 화가 나는 거예요. 그래서 '안 되겠다! 우리나라 애들에겐 우리나라를 무대로, 우리의 주인공이 나오는 영화를 만들어서 보여줘야겠다'고 생각한 거지.

이준익, 〈왕의 남자〉〈사도〉 감독

이렇게 해서 탄생한 게 〈키드캅〉이라는 영화였다. 비록 흥행에서 큰 성공을 거두진 못했지만 한국형 키즈무비를 만들어보겠다는 도전 의식만큼은 상당한 의미가 있었다.

그런데 10여 년 뒤, 이준익 감독은 또 다른 도전에 나선다. 바로 역사 코미디라는 새로운 장르의 영화 〈황산벌〉을 만든 것이다. 사실 이 감독이 〈황산벌〉을 만들었을 당시까지만 해도 한국영화에는 이렇다 할 사극이 없었다. 80년대까지만 해도 심심찮게 시대극이 만들어지긴 했지만 90년대 들면서 한국영화에서는 시대극이 가뭄에 콩 나듯 만들어졌다. 만들어졌다 할지라도 대체로 흥행과는 거리가 멀었다. 이런 사정 때문에 한국영화에 시대극 공백기가 길어졌다. 시대극은 만들어봤자 흥행할 수 없다는 일종의 기피 심리가 생겼기 때문이다.

이런 상황에서 이준익 감독은 삼국시대의 이야기에 현대적인 느낌을 가미한 코믹 사극 〈황산벌〉을 만들게 된다. 그리고 사극은 흥행이 힘들 것이라는 고정관념을 보란 듯이 깨며 흥행에서 대성공을 거뒀고, 〈황산벌〉의 흥행은 이후 천만 영화 〈왕의 남자〉로 이어지는 든든한 발판이 되었다. 이준익 감독이 〈황산벌〉을 찍기로 결심한 것은 우리의 것, 우리의 전통과 역사, 문화를 알릴 만한 마땅한 콘텐츠가 없다는 현실 인식 때문이었다. 그리고 그 인식은 누구도 감히 엄두를 내지 못했던 시대극에 도전하게 한 배짱이 되었다.

이준익이 불모지였던 시대극에 도전한 이유

사실 〈황산벌〉의 시나리오 쓸 때 내가 가졌던 의도는 우리나라의 전통과 역사, 그것이 콘텐츠의 가장 핵심이 되어야만 한다는 거였어요.

그런데 그렇게 생각하게 된 계기는 짜증 때문인데, 뭐냐면 외국영화 수입하러 다닐 때 경험이에요. 우린 딱 보면 알아요. 그 작품이 영국 건지 프랑스 건지 물건만 봐도 알아. 중학생들도 알걸? 이건 미국 거, 일본 거, 다 알잖아. 근데 일본이나 미국 사람들이 "Where are you from?" 하고 물어오면 "I'm Korean" 하고 답해도 "North? South?" 이런 소리만 들어야 하는 상황이라고. 한국에 대한 역사와 전통과 문화를 전혀 모르니까 그냥 삼성이나 현대만 아는 거지. 근데 놀랍게도 일본 건 다 알아요. 사무라이가 어쩌고저쩌고 다 알아요. 중국 건 일본 거보다 더 잘 알지. 난 어딜 가든 한국인이라고 하는데 "Are you Japanese? Are you Chinese?" 이걸 제일 먼저 겪어야 하고 설명해야 하는 거야.

그런데 막상 설명할 게 별로 없는 거야. 한국전쟁 얘기할 수도 없고, 역사를 두고 보자면 화가 나잖아. 내가 너희들보다 역사가 부족하냐, 우리가 너희들만큼 시련을 덜 당했냐, 제국주의만 안 했지. 이 제국주의 틈바구니에서 현대 국가가 단일 국가로 남았다는 것만 해도 어마어마한 지식의 보고이기도 하고 민족의 기질적 가치이기도 하고. 그런데 우리가 세계 문화에 기여할 수 있는 풍부한 문화와 역사와 자질이 있다는 걸 서양 사람들한테 요만큼이라도 설명할 방법이 없는 거야. 그래서 사극을 찍어야 한다고 결심했지.

이준익, 〈왕의 남자〉 〈사도〉 감독

사실 이준익 감독의 차기작인 〈왕의 남자〉를 개봉할 당시, 흥행에 대한 예측은 상당히 비관적이었다. 〈황산벌〉이야 사투리를 쓰는 사극이라는 독특함과 코믹 요소 때문에 흥행이 됐지만 또다시 사극이 먹히겠느냐, 그것도 TV 드라마로 몇 번이나 나온 연산군 이야기가 관객들의 흥미를 끌겠느냐는 거였다. 하지만 이런 예상을 깨고 〈왕의 남자〉는 천만 관객을 동원한 최초의 사극 영화가 됐다.

이준익 감독이 이룬 성과는 우리 역사에 대한 남다른 열정과 신념, 여기에 실패를 두려워하지 않는 배짱이 더해진 결과였다. 모두가 '안 된다'고 하는 길, 그래서 누구도 감히 엄두를 내지 못하는 길에 과감하게 도전함으로써 오히려 새로운 성공의 선두 주자가 된 것이다.

최동훈 감독 역시 마찬가지이다. 데뷔작 〈범죄의 재구성〉으로 기존의 한국영화에서 보기 힘들었던 누아르 장르를 개척한 최동훈 감독은 판타지 성격이 강한 〈전우치〉, 케이퍼무비인 〈도둑들〉을 거쳐 시대극 〈암살〉까지, 끊임없이 새로운 장르에 도전해온 인물이다.

> 제가 〈범죄의 재구성〉을 한 이유는 그런 영화가 없었기 때문이에요. 〈전우치〉를 한 이유도 저 스스로 그런 영화가 보고 싶기도 했지만, 우리나라에서 그런 영화를 만들지 않았기도 하고. 왜 안 만드는지 알겠더라고요. 만드는 게 그만큼 힘이 들고, 제작비도 많이 들고. 그런데 좀 새로운 걸 하고 싶은 거예요. 아직 보지 못한 것들을 만들고 싶었죠. 〈암살〉을 만든 것도 정작 그 시대를 다룬 영화가 없었고, 독립군에 대해서 정면으로 다룬 게 없었거든요. 그러니까 하고 싶어지는 거예요. 앞에 있는 사람들을 따라가는 것보다는 그냥 계속 새로운 것을 찾는 게 더 재밌는 작업 같습니다.
>
> **최동훈,** 〈도둑들〉 〈암살〉 감독

매너리즘은 열정을 갉아먹는 곰팡이와도 같다. 열정이 창의력으로 발전하기 위해서는 무엇보다 매너리즘에서 탈피하려는 노력이 필수적이다. 그리고 매너리즘에서 탈피하기 위해선 기존의 성공 사례를 답습하기보다 실패 사례를 더 면밀하게 분석하고 거기에서 교훈을 얻어낼 수 있어야 한다. 발상의 전환, 또는 역발상의 힘이 크다는 것도 영화의 흥행 사례를 통해 확인할 수 있었다.

비즈니스에서도 많은 경우 검증되고 안전한 길을 가려는 관성이 존재한다. 그러나 바꿔 생각하면 이미 많은 사람들이 알고 있는 성공의 법칙이 또 다른 성공으로 이어질 가능성은 오히려 희박하지 않을까. 대부분의 사람들이 이 길이 맞다고 말할 때, 그게 아닐 수도 있다는 문제의식을 가질 수 있어야 한다. 무엇보다 그 누구도 감히 시도하지 않은 길을 개척할 수 있는 용기와 배짱이 필요하다. 물구나무를 서보면 전혀 새로운 세상이 보인다.

흥행 감독으로부터 새길 수 있는 열정의 세 번째 원칙! 창의적 열정은 바로 역발상에서 나온다.

Action!

성공 사례만을 분석한다면 답습의 함정에 빠질 수 있다. 앞선 성공 사례가 이미 대중(소비자)에게는 익숙하기 때문에 성공 요인을 짜깁기 하는 방식으로는 식상하게 느껴지거나 아류로 비칠 가능성이 높기 때문이다. 오히려 실패 사례를 면밀히 분석함으로써 실패 요인을 찾아내고, 그것을 피해 갈 수 있는 여지를 고민하는 게 현명하다. 유의미한 성과를 창출하기 위해서는 성공 공식에 대한 고정관념과 매너리즘에서 과감하게 탈피할 수 있어야 한다. 쉽게 예측할 수 없는 길을 개척하는 역발상의 힘을 동원하는 것이야말로 열정의 전략적 활용이라 할 수 있다.

세상에
눈과 귀를 열어라

인간 폐인처럼 되어서 새벽 세 시쯤 들어갔더니 와이프가 컴퓨터 앞에서 대성통곡을 하고 있는 거예요. 왜 그러냐 하고 봤더니 〈낭만자객〉에 달린 악플이 10~20개 정도 있었어요.

윤제균, 〈해운대〉 〈국제시장〉 감독

악플이나 댓글이란 게 그런 거지. 화살을 맞는 거지, 온몸으로. 어떤 결과물에 대한 평론가들의 비평이나 일반 관객들의 비난, 이것을 사랑해야 돼요.

이준익, 〈왕의 남자〉 〈사도〉 감독

대중을 상대로 하는 창작자는 계속해서 세상에 관심을 두고 세상에 대해 고민할 필요가 있다고 생각합니다.

양우석, 〈변호인〉 감독

열정을 샘솟게 하고 그걸 유지하는 것만큼이나 열정을 익히고 성숙시키는 것도 굉장히 중요한 문제이다. 여기서 내가 말하고자 하는 열정은 성공적인 성과로 이어질 수 있는 열정이다. 단순히 혼자 열정적이라고 한다면 독불장군이 될 가능성이 커진다. 자신은 너무나 열정적으로 뭔가를 이뤄냈는데 세상 사람 누구도 그것을 인정해주지 않는다면 그 열정은 결과적으로 소모되고 말았을 뿐이다. 그렇게 되면 쉽게 좌절하게 되고, 비례적으로 열정이 빠르게 식어버릴 수도 있다. 그렇다면 우리는 성취가 또 다른 열정을 불태울 수 있는 밑불이 될 수 있게 해야 한다. 성공적인 성과 창출을 위해서는 자신이 가진 열정의 방향성을 끊임없이 검증해야 하는 것이다.

그렇다면 흥행이라는 성과를 얻은 감독들은 어떻게 자신들의 열정을 검증할까? 그 해답은 바로 '많이 듣는 것'이다. 아무리 좋은 아이디어라고 할지라도 제삼자의 의견을 통해 그것이 더 광범위하게 통할 수 있는 것인지를 검증해야 한다. 그러기 위해선 일단 타인의 의견을 들어야 하는 건 물론이다. 그것이 비판적이고 때로는 냉소적이라 할지라도 열려 있는 마인드로 듣는 게 우선이다. 그다음에 자신에게 적용할 수 있는 것들을 필터링해서 성과 창출의 자양분으로 삼을 수 있다.

또 하나, 세상은 나 혼자 살아가는 곳이 아니다. 우리 모두 사회 안에서 사람들과 더불어 살아간다. 그래서 내가 만들어낸 성과를 그들과 나눌 줄 알아야 한다. 그러기 위해선 사람들이 살아가는 이 사회가 어떤 상태에 놓여 있는지를 면밀하게 살필 필요가 있다. 한마디로 촉수를 민감하게 가다듬고 있어야 한다는 얘기다.

세상과 사람에 대한 관심은 많으면 많을수록 좋다. 그랬을 때 사람들이 무엇을 열망하고 있고 또 무엇을 결핍하고 있는지를 엿볼 수 있다. 사람들의 열망과 결핍을 읽어내는 힘은 여러분이 참여하는 프로젝트가 더 폭넓은 공감대를 만들어낼 수 있는 원동력이 된다.

비판에 눈과 귀를 열어라

필연적으로 대중을 상대로 영화를 만들어야 하는 감독들의 입장에서는 칭찬과 더불어 비판도 많이 들을 수밖에 없다. 평론가인 나 역시 어떤 영화에 대해 별로 좋지 않은 평론을 썼다가 엄청난 비판에 직면하게 된 경우가 적지 않다. 특히나 많은 사람이 좋아하는 배우에 대해 그다지 좋은 평가를 하지 않을 때 정신없는 비판과 비난의 화살이 쏟아진다. 일개 평론가가 그럴진대 하물며 대중에게 더 알려진 영화감독들의 입장이야 더 심할 수밖에 없을 것이다.

인터넷과 SNS가 발달한 요즘은 거의 실시간으로 대중의 반응을 체크할 수 있다. 악성 댓글 때문에 극단적인 선택을 한 연예인들도 있는 마당이니 독기 어리거나 모욕적인 비판을 대하며 마음에 상처를 입지 않는다는 건 인간으로서 거의 불가능에 가까운 일일 것이다. 천만 영화를 두 편이나 내놓은 윤제균 감독도 그런 경험에선 예외일 수 없었다. 2003년에 연출한 〈낭만자객〉이라는 작품이 처절하게 실패하고 난 직후의 일이다.

윤제균이 가장 힘들었던 시절

인간 폐인처럼 되어서 새벽 세 시쯤 들어갔더니 와이프가 컴퓨터 앞에서 대성통곡을 하고 있는 거예요. 왜 그러냐 하고 봤더니 〈낭만자객〉에 대한 악플이 10~20개 정도 있었어요. 심지어 그런 댓글들도 있었어요. '너 같은 쓰레기는 빨리 한국영화의 발전을 위해 충무로를 떠나라.' 사실은 〈낭만자객〉이라는 작품에 애정이 많았어요. 그리고 촬영하면서 가장 힘들었던 게 〈낭만자객〉이었어요. 세트가 무너져서 죽을 뻔했었고, 응급실에 실려간 적도 있었고. 그만큼 애정을 가지고 했는데 악플들이 달리니까 와이프가 내 편에서 반박 댓글을 쓰기 시작한 거예요. 잘 보면 괜찮고 윤제균 감독도 어떻게 보면 참 좋은 사람이다, 이랬더니 가만히 있었으면 20개 정도였을 텐데 반박을 하는 순간 그 밑에 또 다른 악플들이 100, 200개, 300개 달리더라고요. 또 와이프는 화가 나서 자기 친구, 친인척 아이디 다 동원해서 네티즌하고 싸우다 보니까 댓글이 500~600개까지 올라갔죠. 이렇게 되니까 자기가 만세 부르고 우는 거예요.

윤제균, 〈해운대〉〈국제시장〉 감독

하지만 이런 비판과 비난의 화살을 긍정적으로 받아들인다면 오히려 열정이 식는 게 아니라 뜨거워질 수도 있지 않을까? 아니, 뜨거워진다기보다 열정이 성숙 단계로 넘어갈 수 있는 계기가 될 수 있지 않을까? 실제로 윤제균 감독은 〈낭만자객〉의 실패 이후 그 많은 비판을 겪어내면서 흥행에 대한 부담을 내려놓았다고 말한다.

흥행보다 가치를 추구하는 영화

흥행에 대해서 내려놓았어요. 그러니까 뭐냐면, 흥행에 목숨을 거니까 흥행을 목표로 하고 영화를 만들었는데 그 목표가 달성이 안 되잖아요? 그러면 그것에 대한 상실감이 너무 큰 거예요. 충격이 상상하지 못할 정도로 크더라고요. 사실 〈두사부일체〉, 〈색즉시공〉 때만 해도 어떻게 하면 재미있고 흥행이 될 수 있는 작품이 될 것인가에 대해서 고민을 많이 했고 그게 주된 목적이었던 것 같아요. 사실 행복하려고 영화를 했는데 이렇게 평생 영화를 하면 이것은 행복이 아니라 불행의 씨앗이 될 수도 있겠다는 생각이 들더군요.

〈낭만자객〉 이후로 첫째 아이가 태어났어요. 아이 얼굴을 보면서 문득 어떤 생각이 들었냐면 흥행이 되는 영화를 하지 말고 가치 있는 영화를 해보자. 나중에 아이가 커서 내 영화를 볼 텐데 아이한테 부끄럽지 않은 작품을 해야겠다는 생각이 들었어요.

윤제균, 〈해운대〉 〈국제시장〉 감독

수많은 비판, 실패에 대한 좌절감, 이런 것들을 겪어내며 윤제균 감독은 오히려 자신의 열정을 성숙시킬 수 있었다. 그리고 흥행에 대한 지나친 강박에서 벗어나 오히려 가치 있는 영화를 찍겠다는 결심을 하게 된 것이다. 그런데 그렇게 된 것이 오히려 두 편의 천만 영화를 만들어낸 자양분이 된 셈이니 결과적으로 윤제균 감독에게 쏟아졌던 그 따가운 비판들은 그가 지금의 윤제균이 되게끔 만들어준 자양분이었다고 볼 수 있다.

윤제균 감독이 비판과 좌절의 시간을 자신의 열정을 관조적으로 가다듬는 데 활용했다면, 〈사도〉의 이준익 감독은 오히려 비판을 사랑한다고 말한다. 윤제균 감독이 관조적이라면 이준익 감독은 차라리 도인의 반열에 올랐다고 해도 과언이 아니다.

이준익의 화살 맞기 철학

평론가뿐 아니라 일반 관객들, 뭐 포털 사이트에 댓글 달고 악플 달고 해도 나는 너무 존중해, 놀랍게도. 약간 거만한 생각일 수 있지만 어쨌든 난 내 기준으로 살아야 하는 사람이니까. 적벽대전의 제갈공명이 강가에 빈 배 띄워가지고 안개 꼈을 때 적에게서 날아온 10만 화살 다 받아 챙긴 에피소드 있잖아요. 악플 댓글이란 게 그런 거지. 화살을 맞는 거지, 온몸으로. 결과물에 대한 평론가들의 비평이나 일반 관객들의 비난, 이것을 사랑해야 돼요. 안 그러면 자기 매너리즘에 빠질 수밖에 없고, 그걸 인정해야 자기부정을 통해 새로운 긍정을 만들어내는 힘이 되거든.

난 댓글들 볼 때 일부러 악플만 봐. "어? 요거 좋아, 요거." 그래
야 다음 일이 생긴다니까.

이준익, 〈왕의 남자〉 〈사도〉 감독

칭찬만 계속 들으면 이준익 감독의 말처럼 쉽게 매너리즘에 빠
질 수 있다. 나는 잘하고 있어, 이대로 앞으로 가면 돼, 이런 생각을 하
게 되기 마련이다. 그러면 앞 장에서 지적했다시피 자신의 성공 사례
를 자신이 답습하는 결과로 이어지는 위험성에 빠진다. 비판을 사랑
할 수 있는 태도는 참 쉽지 않은 미덕임이 틀림없다. 하지만 당장 마
음의 상처를 입는다 할지라도 장기적으로는 그게 열정에 플러스알파
를 부여하는 자양분이 되었음을 뒤늦게 발견할 때가 많다.

세상과 사람에 대한 끊임없는 관심

우리는 지금 열정에 대해서 이야기하고 있다. 열정은 바로 공감을 이
끌어낼 수 있는 성과를 만들기 위한 전제 조건이다. 영화감독들에겐
바로 흥행이라는 것 자체가 공감일 것이다. 수백만 명의 관객들로부
터 공감을 얻어낸 결과물이 흥행이기 때문이다.

사실 감독들도 우리와 같은 시대, 같은 사회를 살아가는 사람
들이다. 그래서 그들도 관객들의 공감을 얻어내기 위해 세상이 어떻
게 돌아가고 있고 그 세상을 살아가는 사람들은 어떤 생각을 하고 있

는지를 살펴야 한다. 영화감독이라고 해서 오로지 어떻게 재미있는 영화를 만들 것인가만을 연구하고 있지는 않다는 얘기이다.

영화 〈변호인〉으로 역시 천만 관객을 동원한 양우석 감독은 우리 사회의 공기에 대해 상당히 깊은 고민을 하는 감독 가운데 한 명이다. 영화 〈변호인〉은 바로 그런 고민의 산출물이기도 하다. 그건 이 세상의 공기를 함께 마시며 숨 쉬고 있는 동시대 사람들에 대한 관심이자, 결국 자신의 영화가 세상과 만나는 접점을 넓히려는 노력의 연장이라고 할 수 있다.

양우석이 대한민국 사회를 바라보는 시각

양우석　어떤 사태가 벌어지면 이 사태에 대해서 꼼꼼하게 다각도로 생각하기보단 그 사태에 대해서 어느 쪽이 입장을 발표하면 판이 딱 갈려요. 서로 타협할 만한 중간 지점이 없잖아요. 사실 이런 면은 몹시 아쉽고 몹시 슬프고 빨리 수정되어야 할 사회적 분위기가 아닌가 하는 생각이 듭니다.

최광희　그런 맥락에서 어쨌든 연출자는 시대의 흐름이나 정서의 측면에 대해 민감한 촉수를 가지고 있어야 한다는 생각이 듭니다.

양우석　어찌 됐든 저는 이 세상의 모든 콘텐츠는 알게 모르게 저널이라고 생각하거든요. 의도적이고 노골적으로 저널인 작품이 있을 거고, 무의식적으로 세상을 투영하는 저널이 있겠죠. 어떤 경우든 언론적인 요소가 아예 없는 콘텐츠는 전혀 없다고 생각합니다. 그런 면에서 〈변호인〉도 심각하게 정치적인 영화라고 보시는 분이나, 이 영화가 정치적인 어젠다agenda를 가지고 있는 거 아니냐고 확대해서 보시는 분들도 있는 것 같아요. 30년 전 얘기가 지금까지 영향을 끼치고 있으니 젊은 친구들은 그래서 봤을 거 같고요.

최광희   결국 모든 콘텐츠는 저널이란 말씀은 그 콘텐츠의 창작자는 어떤 면에선 저널리스트라는 말일 수도 있겠네요.

양우석   맞습니다. 그런 면에서 대중을 상대로 하는 창작자는 계속해서 세상에 관심을 두고 세상에 대해 고민할 필요가 있다고 생각합니다.

양우석, 〈변호인〉 감독

양우석 감독은 영화감독이자 한편으로는 저널리스트임을 자처하고 있는 셈이다. 저널리스트의 덕목은 당연히 세상과 사람에 대한 관심이다. 사회와 사람들을 끊임없이 관찰하고, 바로 거기에서 문제의식을 갖게 되며, 창작의 열정을 퍼 올리는 것이다.

IMF 시절에 대한 문화 콘텐츠가 거의 없습니다. 소설도 없고. 한국전쟁 이후 오히려 그때가 더 황폐한 거 같아요. 아무것도 안

남고 끝장났다고 생각했는데도 불구하고 그 이전에는 최인훈의 『광장』이 있었고, 김수영 시인의 시가 있었단 말이죠. 근데 IMF가 있고 나선, 제가 놀라서 찾아봤거든요. 의외로 없었어요. 심지어 박사논문이나 경제논문이라도 있을까 찾아봤는데 그것조차도 빈약하더라고요. 저는 우리의 현대사가 우리에게 주어진 굉장히 큰 자산이라고 보거든요. 갈등과 성취, 결핍과 쟁취. 여기에 엄청나게 많은 이야기가 있고 이것 자체가 에너지라고 생각합니다. 이 에너지를 저희가 충분히 못 쓰고 있다는 생각이 많이 들었어요. 저 개인적으로는 SF 마니아지만 〈변호인〉이라는 영화는 우리의 현대사를 조금 더 천착해서 바라보는 계기가 된 것 같습니다.

양우석, 〈변호인〉 감독

사람들의 열망과 결핍을 읽는 노력

대부분의 흥행 영화들은 이 시대를 살아가는 사람들의 열망이나 결핍과 광범위한 접점을 만들어낸 경우라고 할 수 있다. 그런 차원에서 영화 〈베테랑〉과 〈내부자들〉이 흥행에 성공한 원인을 짐작할 수 있다. 돈 많고 가진 것이 많은 이들이 저지르는 부정과 횡포, 이런 것들에 대해서 사람들이 불만을 품고 그것을 바로잡고자 하는 열망이, 정의를 구현하는 영화 속 주인공들을 통해 대리만족 되었기 때문일 것이다.

〈광해, 왕이 된 남자〉는 대선을 앞두고 서민적인 리더십에 대한 관객들의 열망에 화답함으로써 대규모 흥행에 성공할 수 있었다. 〈명량〉이 1,760만 명이라는 한국영화 최고의 흥행작이 될 수 있었던 것 역시 단호하면서도 현명한, 지혜로우면서도 자기희생적인 리더십을 바라는 국민의 열망과 만났기 때문에 가능할 수 있었다고 본다.

최동훈 감독이 연출한 〈암살〉의 경우는 어떤 열망과 어떤 결핍을 충족시켰던 걸까? 일제강점기를 통과하면서 해방 이후에도 그 부역자들이 청산되지 않았다는 역사적 부채감이 〈암살〉을 통해서나마 대리 해소되었기 때문이라고 본다. 일본군 위안부를 소재로 삼은 〈귀향〉이라든가, 일제강점기에 비극적 최후를 맞이한 윤동주 시인을 다룬 〈동주〉 같은 영화가 흥행할 수 있었던 것 역시, 여전히 일제 식민지의 상흔을 많은 사람들이 아파하고 있다는 반증이었다. 그런 만큼 영화감독은 시대를 읽는 눈, 사람들의 열망이 무엇이고 그들이 결핍하고 있는 것은 무엇인지를 읽어내려는 노력을 게을리해서는 안 되는 직업이다.

미국은 개인의 승리를 굉장히 소중하게 생각하고 사회적 정의라는 게 한 장르처럼 느껴질 만큼 많이 얘기되고 있거든요. 그런데 실제로 우리에겐 개인이 역사를 상대로 승리해본 적이 별로 없어서인지, 대한민국은 오히려 어떤 거대한 것과 싸워서 계속 지는 사람, 그런 사람에 대한 연민과 부채 의식, 그런 게 있는 것 같아요. 그래서 그런 걸 다루는 영화들이 대중들에게 어필을 했었죠. 그런데 지금은 좀 변하고 있는 것 같아요. 오히려 작은 승리라도 얻어내고 쟁취해내는 것에 대해서 일종의 대리 만족을 느끼기도 하고, 시대와 대중들도 그것을 더 흥미로워하는 것 같고요.

최동훈, 〈도둑들〉 〈암살〉 감독

지금까지 우리는 공감을 이끌어내는 열정이란 어떻게 만들어지고 달 궈지며 가다듬어지고 예리해질 수 있는지에 대해서 흥행 감독들의 이야기를 통해 살펴보았다.

공감이란 곧 성공적인 성과 창출의 열쇠이다. 그리고 공감을 만들어내기 위해선 목표로 하는 성과를 준비하는 단계에서부터 열정을 탑재하고 있어야 한다. 그렇다면 어떤 열정이냐에 대해서 언급했다. 열정은 기다림의 시간을 담금질로 채우는 과정이고, 자신이 가장 즐겁게 잘할 수 있는 것을 찾아내는 것이며, 고정관념과 매너리즘에서 벗어난 역발상의 지혜를 발휘할 수 있도록 하는 것이다. 그 열정의 화룡점정은 세상을 향해 열려 있는 시각이다. 많이 듣고 비판을 경청하며 사회와 사람에 대한 관심 속에서 내게 공감해줄 수 있는 이들에게 먼저 공감하는 것이다. 그들의 열망과 결핍을 읽어내려고 노력하는 것이다.

흥행 감독들에게 배우는 네 번째 열정의 키워드, 그것은 바로 눈과 귀를 열어야 성숙한다는 것이다.

Action!

어떤 프로젝트든 과정과 결과에 대한 부정적인 반응을 얻게 되는 경우가 있다. 소비자들의 불만과 악의적인 공격, 협력자들로부터의 비판이나 노골적인 비난 등이 여기에 해당한다. 그러나 칭찬과 격려만을 수용한다면 추진하는 프로젝트의 맹점을 발견할 수 있는 시야를 스스로 좁혀버리는 결과를 낳을 수 있다. 따라서 어떤 비판에든 흔쾌히 열려 있는 태도를 갖는 것이 중요하다. 또한 사회와 대중(소비자)들의 기호와 취향이 어떻게 변해가고 있는지를 유심히 관찰하는 것 역시 반드시 필요한 미덕이다. 그들의 결핍과 열망을 읽어내기 위해서는 개방적 태도와 적극적 관찰을 통해 개인과 조직의 시야를 확장해야 한다.

천★만
관객의
비★밀

제2장

어떻게
효율적으로
협업할
것인가

조직을 승리로 이끄는 힘의 25퍼센트는 '실력'이고,

나머지 75퍼센트는 '팀워크'다.

— 딕 버메일(풋볼 팀 '세인트루이스' 감독)

기획은
협업의
첫 단추다

영화감독이 다 할 수 없어요. 절대 못 해요. 한다고 해도 안 돼요. 협력이 안 주어지면 이게 쉽지가 않죠, 영화라는 게.

우민호, 〈내부자들〉 감독

믿어서 믿는 것도 중요하지만, 믿을 수밖에 없어서 믿었을 때 그 믿음을 끝까지 한 번에 끌고 가는 것도 쉬운 결정은 아니라고 생각하거든요.

원동연, 영화제작사 '리얼라이즈픽쳐스' 대표

기획이란 게 이런 거 같습니다. 관객이 기다리는 기획은 관객이 알지만 잘 모르는, 그러면서 좋아하는 기획인 거 같아요.

양우석, 〈변호인〉 감독

제1장에서 우리는 창의적 열정을 어떻게 담금질하고 가다듬을 것이며 더욱 예리하게 만들 것인가에 대해서 살펴보았다. 그렇다면 이제 실행의 단계로 접어들어야 할 차례다. 성공적인 성과 창출을 위한 열정을 탑재하는 것이 개인적 수준의 비전 창출과 자기 계발의 차원이라면 실행이란 조직과 협업의 차원이라고 할 수 있겠다. 집에서 혼자 글을 쓰거나 혼자 그림을 그리는 예술가가 아닌 이상 어떤 일이든 혼자서만 할 수는 없다. 조직 안에서 성과를 만들어내기 위해서 우리는 어쩔 수 없이 누군가와 함께해야 한다. 즉, 협업을 할 수밖에 없다는 것이다. '백지장도 맞들면 낫다'는 속담은 괜히 있는 게 아닐 것이다.

어느 하나의 프로젝트에 참여하고 있는 모든 이들이 유기적으로 협동할 수 있을 때 더 큰 시너지를 만들어낼 수 있다는 건 굳이 더 강조할 필요가 없다. 여기서 중요한 건 단순히 함께한다는 차원을 넘어서는 '유기성'이다. 협업에서 유기성이란 건 마치 우리 몸의 모든 장기와 기관들이 움직이는 것과 똑같다. 각각의 기관들은 다 자기 역할이 있다. 그러면서도 다른 기관에 영향을 미치게 돼 있다. 이를테면 스트레스를 심하게 받으면 위궤양에 걸리기 십상이다. 우리의 뇌 활동과 장기 사이에 유기적 관계가 있기 때문이다. 건강을 유지하기 위해선 우리 몸의 여러 기관 중 하나라도 고장 나지 않도록 조심해야 한다. 그런 이치처럼 '유기적 협업'이란 서로가 서로를 의식하면서 팀의 목표를 공유하고 그 안에서 각 개인의 역량을 최대치로 뽑아내는 것이라고 할 수 있다.

다른 모든 분야 가운데서도 영화라는 건 더더욱 협업이 중요시되는 분야다. 영화감독을 비롯해 프로듀서, 배우, 촬영, 조명, 음악, 미술, 의상 등 수많은 분야의 전문가들이 모여 함께 만드는 것이 바로 영화다. 그래서 영화는 '협업의 예술'이기도 하다. 앞으로 우리는 흥행 감독들의 이야기를 통해 성공적인 성과를 만들어내기 위해 가장 효율적인 협업 시스템을 어떻게 만들 것인가라는 질문에 대한 해답을 탐문해볼 것이다.

기획은 최적의 협업 환경을 설계하는 것

협업의 첫 단추는 기획이다. 기획은 단순히 계획을 짜는 일이 아니다. 프로젝트의 전체적인 과정을 총괄하는 일이 기획이다. 참여하는 인적 자원의 열정을 협업 시스템에 담아 넣는 일, 그게 바로 기획이다.

　　너무 추상적인가? 그렇다면 이렇게 바꿔서 말해 보자. 집을 짓기 위한 설계도를 그리고, 그 설계도를 어떤 이들에게 보여주고, 누구에게 집을 짓게 할 것인가를 결정하는 게 기획이다. 그 집을 입주자가 편안하게 살 만한 곳으로 만들기 위해 기획이라는 설계도는 아주 중요한 비중을 차지할 수밖에 없다.

　　흥행이라는 성과 창출이 목표인 영화의 특성상 기획은 바로 그 목표, 즉 흥행 가능성을 최대화하는 방향으로 짜이는 게 당연하다. 어떤 콘셉트의 아이디어로 시나리오를 쓸 것인지, 그 시나리오를 바탕으로 어떤 감독이 연출을 맡을 것인지, 어떤 배우를 어떤 캐릭터에 캐스팅할 것인지, 어떤 시점에 얼마만큼의 비용을 들여서 제작할 것인지, 마케팅 전략은 어떻게 짜고 개봉 시점은 언제로 잡을 것인지 등, 이 모든 과정에 대한 사전 판단이 기획에 포함된다.

영화 〈내부자〉들로 900만 명 이상의 관객을 동원한 우민호 감독은 이전에 두 편의 흥행 실패작을 내고 말았다. 〈내부자들〉 이전에 연출한 작품이 〈간첩〉이라는 영화였다. 아마 아시는 분보다 '그런 영화가 있었어?' 하실 분들이 더 많을 것 같다. 그만큼 흥행에서 완전히 참패한 작품이다.

영화 〈간첩〉은 김명민과 염정아가 주연이다. 거기에 유해진과 변희봉까지, 출연 배우들의 면모는 그야말로 짱짱했다. 간첩 하면 떠오르는 무시무시한 이미지에서 벗어난 생활형 간첩이라는 설정도 나름 참신했던 작품이다. 그럼에도 불구하고 이 영화는 왜 흥행에서 찬밥 신세를 면치 못했던 것일까? 우민호 감독은 당시의 영화 제작 환경을 그 이유로 꼽는다.

우민호의 제작 환경: 〈간첩〉 VS 〈내부자들〉

우민호　　변명일 수도 있지만, 이미 배급사에서 개봉 시점을 딱 박은 상태였어요. 그러니까 시간이 너무 없었어요, 정말로. 촬영 시간도 너무 없었고, 프리(영화 촬영 전 미리 준비하는 과정)도 너무 못 했고. 사실 시나리오도 더 만졌어야 됐고, 촬영도 조금 더 시간을 가지면서 현장에서 만들어냈어야 했는데. 그래야 활력이 생기거든요.

반대로 〈내부자들〉은 그런 시간이 충분히 주어졌어요. 충분한 거까진 아니지만 하여간 제대로 주어진 거죠. 〈내부자들〉은 현장에서 배우나 스태프들이나 같이 소통하면서 만들 수 있었는데 〈간첩〉은 그러지 못했어요. 거의 그냥 찍기 급급했던 거죠. 그러니까 영화가 기계적으로 나올 수밖에 없는 거고, 살아 있는 공기가 안 느껴지는 거지, 보셔서 아시겠지만. 어찌 됐든 〈내부자들〉은 그런 작업을 하니까 영화 자체가, 과장처럼 느껴질지 몰라도 어쨌든 살아 있는 순간들이 보이는 영화가 됐잖아요, 생동감.

최광희 영화감독에게 어떤 환경과 조건이 주어지느냐가 굉장히 중요하네요.

우민호 영화감독이 다 할 수 없어요. 절대 못 해요. 한다고 해도 안 돼요. 협력이 안 주어지면 이게 쉽지가 않죠, 영화라는 게. 베스트 조건이 주어지더라도 좋은 영화를 만들어 흥행 작품이 나오느냐 안 나오느냐, 이건 정말로 쉽진 않은 거거든요. 어찌 됐든 그래도 감독한테는 좋은 조건이 주어져야지요. 그런 환경 안에서 좋은 영화를 찍을 수 있다는 거죠.

우민호, 〈내부자들〉 감독

영화 〈간첩〉과 〈내부자들〉을 비교하는 우민호 감독의 말을 통해 우리는 영화의 제작 환경이 흥행이라는 성과 창출에 얼마나 지대한 영향을 미치는지를 짐작할 수 있다. 영화 〈간첩〉을 연출할 당시의 우민호 감독은 열정이 부족했던 걸까? 배우들이 준비가 안 되어 있었던 걸까? 스태프들이 우후죽순처럼 제각각 움직였을까? 아마도 그들은 주어진 상황 속에서 각자 최선을 다했을 것이다. 그럼에도 목표했던 성과를 만들어내지 못한 이유는 무엇이었을까? 나는 그게 바로 기획의 패착이었다고 본다. 즉, 참여하는 인력들이 자신들의 열정을 최대한 효과적으로 활용할 수 있는 조건을 만들어내지 못한 것이다. 기획은 바로 원활한 협업을 위한 최적의 조건을 만드는 것에서부터 출발한다.

이를테면 '현장에서 시간을 갖자, 찍기 급급하면 안 된다', 이런 약속이 사전에 돼 있어야 하는 거죠. 감독이 과부하 걸릴 만한 스케줄을 못 짜게 해야죠. 촬영 스케줄을 짤 때 이렇게 짜지 말라고 해야죠. 그런데 〈간첩〉 때는 그렇게 못 한 거죠. 왜냐하면 개봉 시기가 잡혀 있으니까 어쩔 수 없었던 거지. 그렇게 해선 아무것도 될 수가 없는 거죠. 필요한 시간과 필요한 돈, 딱 이 정도 작품이면 이 정도 돈이 필요하고 이 정도 시간이 필요하다는 계산이 잡혀 있어야 한다는 거죠. 그래야지 찍는 거지. 그래서 〈내부자들〉 할 때는 그런 걸 못 박고 들어갔죠.

우민호, 〈내부자들〉 감독

휴먼 패키징의 중요성

'인사人事가 만사萬事'라는 말이 있다. 그만큼 사람을 어떻게 쓰느냐가 굉장히 중요하다는 얘기다. 기획에는 휴먼 리소스Human Resource, 즉 인적 자산을 배치하는 것도 포함된다. 어떤 사람을 어디에 배치해야 가장 좋은 효과로 이어질 수 있을 것인가를 결정하는 것이다. 당연한 말이지만 영화는 사람이 만드는 것이다. 그러니까 사람이 성패를 좌우한다. 어떤 사람이 가지고 있는 잠재력과 열정이 가장 도드라질 수 있도록 하는 것, 그에게 딱 맞는 위치를 찾아내 맡기는 것, 바로 이걸 '휴먼 패키징Human Packaging'이라고 부를 수 있을 것이다.

이런 휴먼 패키징에 실패한 사례는 충무로에 심심찮게 많다. 대표적으로 설경구와 문소리가 주연했던 첩보 코미디 〈스파이〉라는 작품을 예로 들 수 있다. 이 영화의 감독은 원래 이명세 감독이었다. 이명세 감독은 이전에 〈형사: 듀얼리스트〉나 〈M〉 같은, 영상미를 극단적으로 추구했던 작품을 주로 찍은 이른바 작가주의적 성향이 강한 감독이다. 그런데 〈스파이〉라는 영화는 전형적인 오락영화였다. 처음부터 이명세 감독의 성향과 어울리는 조합이 아니었다. 그러니 중간에 이명세 감독이 연출 일선에서 하차하고 마는 불상사가 발생했다. 다른 감독이 바통을 이어받아 영화를 마무리 지었지만 흥행 실패라는 결과로 이어지고 말았다.

휴먼 패키징이라는 차원에서 영화 제작사 리얼라이즈픽쳐스의 원동연 대표는 꽤 의미심장한 사례를 들려준다.

원동연이 김아중을 주연으로 밀어붙인 이유

제가 〈미녀는 괴로워〉를 만들 때 김아중이란 배우는 신인이었습니다. 그 당시까지 영화 주연을 해본 적이 한 번도 없었고 〈별난 여자, 별난 남자〉라는 주말 드라마의 여주인공을 하던 친구를 저희가 캐스팅을 했는데요. 김아중은 솔직히 〈미녀는 괴로워〉 캐스팅 후보 가운데 7안 정도에 있던 친구였거든요.

투자자의 반대가 심했습니다. "7안이라도 안 된다. 김아중 씨가 주연을 한다는 건 말이 안 된다. 네가 이제 충무로를 떠나려고 하는구나. 완전히 여기서 영화계를 떠나겠구나" 하는 극심한 반대에도 불구하고 저는 김아중 씨의 잠재력을 감독과 함께 봤기 때문에 그 안을 끝까지 밀어붙였습니다. "한번 믿어봐라. 내가 이 친구 오디션도 다 봤고, 이 친구 데리고 춤도 춰보고 노래도 해보면서 놀아봤고, 많은 대화를 했는데 이 친구 폭발력 있다. 믿어봐라." 제가 강력하게 주장하긴 했는데, 솔직히 믿으려고 믿은 게 아니라 믿을 수밖에 없었기 때문에 믿었던 부분도 있거든요. 믿어서 믿는 것도 중요하지만 믿을 수밖에 없어서 믿었을 때, 그 믿음을 끝까지 한 번에 끌고 가는 것도 쉬운 결정은 아니라고 생각하거든요. 믿을 수밖에 없었지만 끝까지 믿었다는 것, 저는 칭찬받고 싶습니다.

원동연, 영화제작사 '리얼라이즈픽쳐스' 대표

원동연 대표는 당시 캐스팅 후보 대열에서 7번째 자리를 차지하고 있던 김아중을 과감하게 〈미녀는 괴로워〉의 주연으로 발탁했고, 영화는 600만 명이라는 대히트를 기록했다. 모두가 반대했지만 그는 김아중의 잠재력을 보았고 그 잠재력은 그의 탁월한 휴먼 패키징에 힘입어 영화를 통해 빛을 발하게 된 것이다. 인적 자원을 배치하는 최적의 선택은 안전하게만 간다고 능사가 아니라는 것을 그를 통해 배울 수 있다.

휴먼 패키징에 있어서 또 하나의 의미심장한 사례는 〈내부자들〉이다. 이 영화에서 우민호 감독은 윤태호 작가의 원작 웹툰에는 없던 검사 우장훈 캐릭터를 새로 창조했다. 그리고 그 자리에 조승우를 과감하게 캐스팅했다. 조승우는 처음에 이 배역 맡기를 주저했다. 그러나 우민호 감독의 삼고초려 끝에 그를 끌어들이는 데 성공했다. 그가 우장훈 검사 역으로 조승우를 낙점한 것은 이미 정치 깡패 안상구 역을 맡기로 한 이병헌과의 시너지를 고려했기 때문이다. 사실 두 배우는 같은 영화에서 한 번도 호흡을 맞춰본 적이 없었다. 두 배우 모두 발산되는 에너지가 강한 인물들이기 때문에 자칫하면 악수惡手가 될 수도 있는 카드였다. 그럼에도 우민호가 이 카드를 고집한 이유는 무엇일까?

조승우를 붙잡기 위한 우민호의 삼고초려

최광희　　최적의 인적 구성원들을 만들어낸다는 건 쉬운 일이 아니잖아요.

우민호 그러니까요. 〈내부자들〉이 그렇게 흥행이 되고 좋은 성과를 거뒀던 건 내가 하고 싶었던 배우들이랑 내가 하고 싶었던 스태프들이랑 시작했기 때문이죠. 그러기 쉽지 않거든요. 특히나 두 번 실패한 감독은 그렇게 판을 짜기가 쉽지 않아요. 대부분 누군가가 판을 깔아주든 자기가 원하지 않는 판에서 놀든 그렇게 될 수 있는 확률이 더 큰데, 저는 어찌 됐든 운이 좋았던 것도 있고요. 물론 제가 시나리오를 괜찮게 썼기 때문에 제가 원했던 선수들을 다 구성한 거죠.

최광희 〈내부자들〉이란 영화는 결국 캐스팅이 신의 한 수라고 봐요. 이병헌과 조승우의 조합이라는 것 자체로 엄청난 흥행력을 갖게 되는 캐스팅이었죠. 그런데 조승우를 캐스팅하는 데 어려움을 겪으셨다고 들었습니다.

우민호 많이 어려웠죠. 끝까지 쉽게 안 하려고 했으니까. 이병헌은 너무나도 쉽게 캐스팅이 된 상태였고요. 조승우는 세 번 거절했는데 끝까지 제가 설득을 한 거죠. 그 조합이 너무 보고 싶은 거예요. 이병헌과 조승우의 조합. 그리고 그건 분명 관객들한테도 되게 근사한 볼거리가 되겠다는 생각이 들었던 거죠.

최광희 조승우가 이 영화에 출연을 거부한 이유는 뭐였고, 거기에 대해서 감독님은 어떻게 설득을 하셨어요?

우민호 검사라는 캐릭터 자체에 부담감이 있었던 것 같아요. 검사라는 캐릭터는 좀 정형화된 캐릭터잖아요. 영화에서 많이 소비되고. 그런 거에 대한 거부감도 있었을 것 같고. 제가 "당신이 우 검사를 해야지 뻔한 캐릭터가 뻔하지 않게 나올 수 있다", 그렇게 설득을 한 거죠. "안 하면 후회할 거다. 이번 기회 아니면 이병헌과 못 한다." 그러니까 워낙 이병헌이랑 하고 싶었던 것도 있었던 거지.

그런데 지금 영화가 우리가 생각했던 것보다 훨씬 잘돼서 조승우 씨는 무척 좋아하고, 한편으론 제가 세 번이나 그렇게 안 붙잡았으면 이 작품을 안 했을 거 아니에요. 하하!

우민호, 〈내부자들〉 감독

결과적으로 〈내부자들〉은 "모히토 가서 몰디브 한잔할랑가"라는 명대사를 인구에 회자시키며 900만 이상의 관객 동원에 성공했다. 한국 사회의 굳건한 기득권 카르텔에 저항하는 두 명의 남자, 그것이 검사와 정치 깡패라는 설정도 흥미로웠지만 조승우의 이지적이면서도 야심 찬 캐릭터와 이병헌의 날카로우면서도 저돌적인 캐릭터가 절묘하게 화학 작용을 일으켰기 때문이다. 그래서 이 영화는 영남 사투리를 쓰는 조승우와 호남 사투리를 쓰는 이병헌의 버디Buddy 플레이를 보는 영화적 재미를 안겨주는 데 성공했다.

이처럼 휴먼 패키징은 기획의 영역에서 아주 중요한 역할을 한다. 물론 그 영역에서도 창의적 발상은 필수 요건이다.

매력적인 중심 콘셉트를 잡아라

어느 날 하늘에서 기가 막힌 아이디어가 뚝 떨어져 그날 바로 촬영을 시작했다는 영화를 나는 들어본 적이 없다. 참신한 아이디어를 바탕으로 프로젝트의 중심 콘셉트를 잡는 것도 기획의 빼놓을 수 없는 역할이다. 흥행적으로 유리할 것으로 보이는 매력적인 중심 콘셉트, 이걸 잘 잡는 게 가장 중요하다. 기획이 왜 중요한가는 영화의 흥행 성패를 보면 짐작할 수 있다. 좋은 기획은 흥행으로 이어질 가능성을 높인다. 반대로 나쁜 기획은 실패로 귀결될 가능성이 커진다.

그렇다면 이런 질문을 해볼 수 있을 것이다. 과연 무엇이 좋은 기획이고 무엇이 나쁜 기획인가? 결과론적으로 흥행이 잘된 게 좋은 기획이고 흥행에 실패한 게 나쁜 기획이라고 말하는 건 너무 쉬운 일이다. 한 발짝 더 들어가서 살펴볼 필요가 있다. 두 편의 영화를 예로 들어보겠다.

먼저 아이돌 출신 배우 최승현이 주연한 〈동창생〉이라는 영화의 기획을 살펴보자. 이 영화의 중심 콘셉트가 뭘까? 남파 간첩이 여동생을 살리기 위해 북한의 조직원들과 맞선다는 내용이다. 사실 그건 줄거리지 콘셉트가 아니다. 콘셉트는 관객들을 매혹하기 위한 가장 중요한 요소를 말한다. 영화를 보면 이 영화의 중심 콘셉트는 바로 주인공인 최승현이라는 걸 알 수 있다. 그러니까 영화는 최승현의 매력을 극대화하기 위해 모든 설정과 스토리 전략을 꿰맞춘다.

첫째, 최승현은 멋지게 보여야 한다. 그래서 모터사이클을 타는 훈남 간첩으로 설정돼 있다. 둘째, 최승현은 순박한 사랑을 해야 한다. 그래서 하필 고등학생으로 위장한다. 셋째, 최승현은 비록 남파 간첩이지만 정의로워야 한다. 그래서 학교 안의 왕따 여고생을 도와준다. 마지막으로, 최승현에게 절박한 사연이 있어야 한다. 그래서 북에 두고 온 여동생이라는 설정을 첨가했다.

이렇게 모든 설정과 이야기 전개가 오로지 최승현을 위해서 봉사하다 보니 영화가 가져야 할 진짜 힘, 즉 관객들에게 '공감의 정서'를 실어 나르는 데 실패할 수밖에 없었다. 흥행 실패는 당연한 귀결이었다.

그렇다면 〈동창생〉과 유사하게 남북 분단의 상황을 소재로 삼아 송강호와 강동원이 주연했던 〈의형제〉라는 작품의 기획은 어떤지 살펴보자. 이 영화의 기획 방향은 〈동창생〉과는 반대이다. 즉, 주인공이 먼저 있고 스토리가 동원된 게 아니라 스토리 콘셉트를 먼저 정하고 캐릭터라든가 장면 설정을 만들어낸 경우다.

국정원 요원과 남파 간첩이 외나무다리에서 만난다는 게 첫 번째 중심 콘셉트다. 이 콘셉트를 위해 초반부터 긴장감 넘치는 액션 신이 나온다. 송강호와 강동원의 대결을 통해 남북 분단의 현실을 관객들의 머릿속에 강렬하게 상기시키는 대목이다. 둘째, 국정원 요원이었던 송강호와 버려진 남파 간첩 강동원은 동병상련의 처지가 된다. 아주 흥미로운 콘셉트다. 한때의 적이 한 지붕 아래서 살아가게 된 것이다. 세 번째 중심 콘셉트, 대립적이었던 두 인물은 마침내 의형제가 된다. 두 주인공이 대립이 아닌 협력을 하게 되는 후반부 액션 신은 바로 그 콘셉트에 근거해 만들어졌다. 이처럼 영화 〈의형제〉는 관객들이 공유하고 있는 사회 환경 안에서 드라마틱한 인물 구도를 설계함으로써 대단히 설득력 있는 이야기를 만들어냈다. 그건 이 영화가 중심 콘셉트를 제대로 잡았기 때문이다.

그렇다면 무엇이 좋은 기획이고 무엇이 나쁜 기획인지 어느 정도 감을 잡았을 거라 생각된다. 기획의 과정에서는 더 많은 사람들의 공감을 이끌어내는 중심 콘셉트를 잡을 수 있어야 한다. 더 많은 사람들의 공감을 이끌어낼 수 있기 위해서는 무엇이 필요한지에 대해 제3장에서 더 자세히 다루도록 하겠다. 어쨌든 〈변호인〉을 연출한 양우석 감독이 자신의 경험을 토대로 말하는 좋은 기획이 무엇인가에 대해 새겨둘 만한 실마리를 기억해놓으면 좋겠다.

양우석이 생각하는 좋은 기획

기획이란 게 이런 거 같습니다. 관객이 기다리는 기획은 관객이 알지만 잘 모르는, 그러면서 좋아하는 기획인 거 같아요. 〈명량〉이 그 대표적인 케이스인데, 명량 해전을 모르는 국민은 거의 없거든요. 그런데 문제는 명량에서 이순신 장군이 누구랑 싸웠는지, 왜군이랑 싸운 건 아는데 적장이 누구였는지, 싸움이

구체적으로 어떻게 진행된 건지 관객들이 영화를 통해 처음으로 본 거죠.

〈변호인〉도 다 아시잖아요. 주인공이 대통령이셨던 거. 그런데 저분이 대통령이 되기 전에 인생에서 가장 중요한 사건이 뭐였는지는 사실 거의 몰랐거든요. 제 나이 또래야 직접 지면을 통해서 다 봤지만 오히려 20~30대나 40대 초반까지는 사실상 모르시니까. 그런 면이 오히려 접점을 만들고 궁금증을 유발할 수 있었을 겁니다. "저런 일이 있었어?" 하는 입소문이 퍼지기 시작한 것이죠.

저는 사실 관객의 숫자가 많았다는 것보다, 극장에 인사하러 갈 때 가장 기분 좋았던 게 3대가 같이 보실 때였어요. 20대, 40대 중후반, 심지어 70대까지 3대가 영화관에 오시더라고요. 아! 대한민국의 최대 문제가 세대 간 단절인데 3대가 같이 보시는구나! 저는 그때가 가장 가슴이 벅찼었어요. 나중에 개봉하고 가슴 벅찰 땐 의외로 그런 가족들이 많이 보였을 때예요. '아! 영화 보시고 가시면 할아버지와 아들은 각자 보고 느낀 걸 처음으로 얘기들 하시겠구나' 하는 생각이 드니까 가슴이 뭉클했었어요.

양우석, 〈변호인〉 감독

기획은 성과 창출을 극대화하기 위한 협업의 첫 단추다. 따라서 기획이 틀어지게 되면 마치 첫 단추를 잘못 끼웠을 때 옷매무새가 완전히 틀어지는 것처럼 프로젝트가 목표했던 성과도 그 목표에서 한

참 벗어날 수밖에 없다. 모든 인적 자원이 각자의 위치에서 최대치의 능력을 발휘할 수 있도록 최적의 작업 환경을 설계하는 것, 그리고 가장 걸맞은 인적 자원을 적재적소에 배치하는 것, 무엇보다 도식적이고 상투적인 관성에서 벗어나면서도 폭넓은 공감을 이끌어낼 수 있는 창의적 아이디어를 중심 콘셉트로 발전시키는 것, 이것이 성과 창출의 가능성을 높이는 기획의 선결 조건들이라고 할 수 있다.

Action!

기획은 협업 과정의 모든 상황을 미리 설계하는 것이다. 기획은 원활한 협업을 위한 최적의 환경과 조건을 만드는 것에서부터 출발한다. 인적 자산을 적절하게 배치하는, 이른바 휴먼 패키징도 기획의 중요한 요소에 포함된다. 기획의 과정에서 더 많은 사람들의 공감을 이끌어내는 매력적인 중심 콘셉트를 잡을 수 있어야 한다. 기획은 그 중심 콘셉트를 최적의 협업 조건에서 적절하게 배치된 구성원들과 명확하게 공유하는 것이다.

카리스마를
버리는 게
진짜 리더십이다

제가 이기려고 하질 않았어요. 스태프들을 이기고 호령하려는 생각을 한 적이 없어요.

이병헌, 〈스물〉 감독

오케스트라 심포니가 50인조 딱 있어. 저쪽에 바이올리니스트가 이상해. "나와!" 그러면 안 되잖아. 연주자의 연주법이나 표현력, 그런 것들을 알고 그 사람을 캐스팅했으면 그 연주자를 믿어야 돼요.

이준익, 〈왕의 남자〉 〈사도〉 감독

실제로 딱 한 번 만나서 얘기를 해봤어요. 그것도 시나리오를 쓰기 전에. 그런데 사람을 딱 끌어당기는 힘이 있더라고요. 본능적으로 '아! 이 배우에게는 무언가 더 있구나'라고 느꼈어요.

최동훈, 〈도둑들〉 〈암살〉 감독

한 편의 영화를 만드는 데 적게는 수십 명, 많게는 수백 명의 인원이 참여하게 된다. 대개의 대중영화에는 200명 안팎의 배우와 스태프가 참여한다. 적지 않은 인원이다. 그런데 이들 인원이 보통 3개월에서 5개월 정도 함께 일을 하게 된다. 짧지 않은 기간이다. 이렇게 많은 인원이 한꺼번에 수개월 동안 하나의 목표를 공유하고, 각자의 분야에서 최대치의 능력을 발휘하고, 서로 원활하게 협력할 수 있어야 완성도 높은 영화가 탄생하는 건 당연한 이치일 것이다.

영화 현장에서의 리더는 당연히 감독이다. 감독은 영화의 기본 설계도라고 할 수 있는 시나리오를 가장 잘 파악하고 있는 인물이고, 영화의 개성과 매력을 어떻게 뽑아내야 할지를 가장 잘 알고 있어야 한다. 그래야 현장에서 그 많은 인물의 역량을 하나의 공유된 톤에 집중시킬 수 있기 때문이다. 그러니까 감독은 한편으로는 창작자이자 또 다른 한편으로는 창작 집단의 리더라는 두 가지 임무를 떠안게 된다. 따지고 보면 엄청난 부담을 껴안고 있는 자리다. 만약 영화가 흥행에서 실패하게 된다면 그 책임은 고스란히 감독의 몫으로 돌아간다. 한 번 흥행에서 참패한 감독이 재기하기란 쉽지 않은 일이다.

이런 부담감 때문인지 영화 현장에서는 간혹 감독이 왕처럼 군림하려는 풍경이 벌어지기도 한다. "내가 이 영화의 주인이다. 그러므로 모두 나를 따르라!" 이렇게 소리치는 것이다. 실제로 1990년대까지만 해도 감독은 영화 현장의 왕이었다. 그런 제왕적인 감독이 통했던 것은 당시만 해도 많은 영화들이 이른바 도제식으로 제작되었기 때문이다. 그러니까 영화 현장에서 분업보다는 서열이 중시됐고, 그러다 보니 그 서열 구도의 맨 꼭대기에 감독이 마치 신처럼 자리 잡고 있었던 것이다.

하지만 시대가 바뀌었다. 도제 시스템은 사실상 희미해지고 이제 영화를 찍는다는 것은 각 분야의 전문가들이 모여 협력하는 작업이 되었다. 1990년대까지 왕성한 창작 활동을 하던 영화감독들이 도태되는 데는 이런 시대의 변화에 적응하지 못하고 여전히 제왕적인 영화감독의 관성을 버리지 못하는 것도 한몫하기 때문이다. 비교적 최근에 영화를 만드는 감독들 가운데서도 카리스마 리더십에 집착하는 사례들을 왕왕 본다. 하지만 역시나 그런 과정을 거쳐 탄생한 영화들의 경우엔 완성도나 흥행 면에서 실패를 맛보는 사례들이 수두룩하다. 거꾸로 흥행에서 대성공을 거둔 영화감독들에게선 카리스마라는 것과 거리가 먼 사례를 심심찮게 발견할 수 있다. 이런 점은 무엇이 더 현명한 리더십인가에 대한 의미심장한 시사점을 안겨준다.

군 림 하 지 말 고 협 력 을 구 하 라

'카리스마'라는 단어를 사전에서 찾아보면 '사람을 휘어잡는 매력'이라고 풀어놓고 있다. 이 말은 카리스마가 리더십의 어떤 기술적 차원의 의미가 아니라는 걸 얘기해준다. 그럼에도 불구하고 카리스마를 강박적으로 추구하는 리더들을 우리는 심심찮게 본다. 그들이 추구하는 카리스마라는 게 결국은 자신의 권위를 내세우려 하고, 아래 사람들을 달달 볶고, 당장 누군가의 실수가 눈에 띄면 벼락처럼 화를 내는 행위로 가시화되기도 한다. 이런 경우 카리스마는 사실상 없는 것이나 다름없다고 봐도 무방하다. 카리스마는 사람을 휘어잡는 매력이라고 했다. 누구라도 고압적이고 권위적인 리더에게 결코 매력을 느끼지 못할 것이다.

어떻게 보면 카리스마에 대한 지나친 집착이나 강박은 불안감에서 기인하는 것인지도 모른다. 나와 함께 일하는 사람들이 나를 혹시라도 우습게 보면 어떡하나, 내가 하는 말을 잘 알아듣고 있는 건가, 하는 불안감. 그래서 자꾸 같은 말을 되풀이하고 더욱 권위를 앞세우려 하는 것일 터이다. 따라서 카리스마에 대한 집착을 버리는 것이야말로 진짜 카리스마를 얻는 길일 수 있다.

그렇다면 어떻게 카리스마를 버릴 것인가. 영화 〈스물〉로 흥행 감독의 반열에 오른 이병헌 감독은 리더가 오히려 도움을 받아야 하는 위치에 있다는 걸 잘 알고 있다. 배우와 스태프들의 진정성 있는 협력 없이 그가 추구하는 작품은 결코 만들어질 수 없기 때문이다.

이병헌의 리더십

제가 이기려고 하질 않았어요. 스태프들을 이기고 호령하려는 생각을 한 적이 없어요. 난 도움을 받아야 한다는 생각은 분명히 있었고, 이미 시나리오에서 제가 하고 싶은 걸 다 했었거든요. 시나리오 쓰면서 다 타협본 거예요. 제가 타협할 수 있는 선에선 다 시나리오 안에 해놨기 때문에 '시나리오를 당장 수정해라' 하

지 않는 이상 이 톤이 바뀌진 않거든요. 내가 가지고 있는 색깔과 시나리오를 믿었고, 스태프들도 저보다 후배들도 있을 거 아니에요? 연출하는 스태프들이든지 누구든 동등한 선상에서 대했어요. 헤드 스태프들도 있지만 그분들에겐 항상 질문하고 '도와주세요' 하는 입장이었고, 후배들도 그냥 저한테 까불도록 놔뒀어요. 내가 윗사람이라고 명령하고 그런 게 아니라 까불도록, 대들도록 놔둔 거죠. 왜냐하면 저는 선배들이 만들어놓은 영화를 보면서 즐기는 편이고, 오히려 후배들이나 제 또래 친구들이 만들어놓은 영화를 보면서 배우려고 하거든요. 거기서 더 배울게 많아요. 영화라는 건 보는 거 자체가 배우는 거죠. 그래서 그들이 좀 더 떠들 수 있게끔, 낮은 직위에 있다고 해서 말을 못 하고 있으면 안 된다는 생각이 들어서 저한테 좀 까불더라도 같이 싸우고 제가 욕하면 맞받아칠 수 있게끔 분위기를 만들어준 것 같아요. 그런데 그런 자극이 되게 재미있더라고요. 제가 한 가지 주의시켰던 거는 '현장에서 큰소리 내지 말자, 욕하지 말자' 그건 부탁했어요. 그런데 다들 잘 들어주셨어요.

이병헌, 〈스물〉 감독

한 집단을 이끄는 리더는 조직의 목표와 구성원들의 행동을 연결하는 중요한 역할을 수행해야 한다. 그리고 현대에 요구되는 리더십이란 과거와는 달리 조직원들 간의 자유로운 커뮤니케이션과 신뢰 구축에 상당한 비중을 두고 있다. 그런 의미에서 군림하기보다 도움을 받고자 하고 자유로운 분위기에서 협업을 끌어내는 이병헌 감독의 리더십은 무엇이 현명한 리더십인가에 대한 의미심장한 사례다.

영화감독이 현장의 리더라면 영화의 제작 과정 전체를 통솔하는 리더는 따로 있다. 바로 프로듀서다. 〈광해, 왕이 된 남자〉의 원동연 제작자가 배우 이병헌이 출연했던 할리우드영화 〈지.아이.조〉의 프로듀서를 만났을 때의 일화는 흥미로운 시사점을 안겨준다.

원동연을 놀라게 한 〈지.아이.조〉 프로듀서

솔직히 말씀드리면 〈미녀는 괴로워〉 끝난 이후에 〈마린보이〉 만들 때, 제 어깨에 소위 말하는 벽돌이 다섯 장씩은 올라가 있었어요. 제가 이 프로덕션의 최고 책임자라는 걸 보여주고 싶었지요. 아주 사소한 문제가 발생했는데 제가 현장을 접어버렸습니다. "야, 이놈들아. 현장 접어!" 그때는 제가 그 정도로 권위가 있고 힘이 센 줄 알았는데 그다음부터 제가 왕따가 되어버리더라고요. 현장에서 아무도 나한테 말도 안 걸어주고, 바보 짓 한 거죠. 저는 그런 리더십이, 모든 걸 결정할 수 있는 게 리더십인 줄 착각하고 그렇게 행동했었거든요.

〈광해, 왕이 된 남자〉를 끝내고 런던에 갔습니다. 런던영화제에 저희 영화가 폐막작으로 초청을 받았거든요. 저는 프로듀서였던 '보니'가 굉장히 궁금했어요. 〈지.아이.조〉, 〈레드〉를 만든 변호사 겸 프로듀서인데, 그 사람이 영화 끝나고 나서 자기 현장으로 절 초청했습니다. "런던의 내 촬영 현장에 와라" 해서,

저는 그 사람이 현장에서 스파클링 와인 마시며 모니터 뒤에서 막 자세 잡고 현장을 지휘할 줄 알았습니다. 가봤더니 그 사람이 안 보입니다. 한참을 찾아도 안 보입니다. 그래서 제가 그 보니가 어디 있냐고 물어보니까 골목 돌아가면 있다고 하더군요. 그래서 가보니 그 사람이 캔디박스랑 간식을 들고 스태프들한테 "샌드위치 먹어라, 초콜릿 먹어라" 그러면서 귀가하려는 보조 출연자한테도 "야, 내가 오늘 트리플에이 스테이크 만들어 놨는데 그거 먹고 가라. 맛있다" 하더군요. 제가 너무 놀랐습니다. 자가용 비행기를 타고 다니는 세계적인 프로듀서가 왜 저러고 있나 싶어서 그 사람한테 물어봤습니다. "프로듀서는 뭐 하는 사람이냐?" 물었더니 "이 사람들이 열심히 일하면 내가 가장 큰돈을 번다. 그러면 이 사람들이 베스트 컨디션을 만들 수 있도록 돕는 게 내 역할이다" 그러더군요.

원동연, 영화제작사 '리얼라이즈픽쳐스' 대표

진정한 리더십은 신뢰를 바탕으로 한다

성과 창출이라는 목표를 공유하고 있는 조직에 반드시 리더가 필요하다는 건 상식이다. 그냥 나이가 많고 경험이나 연륜이 많은 게 리더의 조건은 아닐 것이다. 리더가 필요한 이유는 프로젝트 전체를 관망하고 전체적인 작업 과정이 목표 지점을 향해 제대로 가고 있는지를 최대한 객관적인 시각에서 점검해야 하기 때문이다. 프로젝트에 동참한 수많은 협력자들 사이에서 혹시라도 생길 불협화음을 조율할 역할이 필요하기 때문이다. 무엇보다 협업에 참여한 모든 이들이 최적의 상황에서 가장 좋은 퍼포먼스를 낼 수 있도록 제대로 된 멍석을 깔아주어야 하기 때문이다.

〈왕의 남자〉와 〈사도〉, 최근의 〈동주〉까지 흥행에 성공시킨 이준익 감독은 리더십에 대한 아주 단순하면서도 명료한 철학을 가지고 있다. 이준익 감독에 따르면 영화 현장의 리더, 즉 감독은 오케스트라의 지휘자와도 같은 위치이다. 그의 영화에 합류한 이들은 이미 각자의 재능과 열정, 전문성을 갖추고 있기 때문에 그들을 충분히 존중해야 한다는 게 그의 지론이다. 그들이 자신의 베스트를 다할 수 있도록 독려하고 조율하는 게 리더로서 감독의 역할이라는 것이다. 물론 이건 기획 단계에서 인적 자원의 배치, 즉 휴먼 패키징이 비교적 훌륭하게 잘 수행되었을 경우를 전제로 한다.

이준익의 자유방임 리더십

이준익　나는 자유방임이에요. 알아서 해라. 유명해요. 배우들이 다 알아요. 송강호도 그러고 설경구도 그러고 유아인, 강하늘 다 그러잖아. "아, 감독님 디렉션 주는 거 없어요." 대놓고 말한다고. 나 안 줘요, 디렉션.

최광희　왜 안 주세요? 감독이 디렉터인데.

이준익　배우의 연기를 디렉팅 안 하고도 디렉팅 할 게 많아.

그거는 뭐, 난 디렉션 배운 적도 없고, 그냥 같이 일하는 거에 대한 즐거움 때문에 하는 거고. 나는 그 배우를 그 캐릭터로 캐스팅하는 순간 디렉션 끝났다고 생각해요. 그 배우가 그 인물이야. 강하늘이 윤동주고 박정민은 송몽규인 거야. 박정민이 하면 다 오케이야. 박정민이 안 하고 다른 사람이 하면 안 되지.

오케스트라 심포니가 50인조 딱 있어. 저쪽에 바이올리니스트가 이상해. "나와!" 그러면 안 되잖아. 연주자의 연주법이나 표현력, 그런 것들을 알고 그 사람을 캐스팅했으면 그 연주자를 믿어야 돼요. 단, 이렇게 "조율 좀 높여주고 내려주고, 자, 모아주세요", 이것만 하면 되는데, 뭐. 구체적으로 "왜 바이올린 그렇게 켜요?" 그건 아니잖아.

최광희 그럼 현장에서 불협화음이 생긴다든가 하는 상황에선 어떻게 조율하세요?

이준익 불협화음 없지. 절대 없지. 난 개봉 안 하고 평생 현장에서 영화만 찍으면 좋겠어. 너무 행복하니까.

이준익, 〈왕의 남자〉 〈사도〉 감독

영화 〈사도〉 개봉 당시 이준익 감독은 자신의 영화에 출연한 배우들을 한껏 추켜세웠다. 영조 역을 맡은 송강호에 대해선 "단 1초도 영조가 아닌 적이 없었다"고 칭찬했고, 사도 세자 역을 맡은 유아

인에 대해서는 "저돌적인 멧돼지 같은 배우"라는 엉뚱하지만 발랄한 극찬을 아끼지 않았다.

　　이런 겸손하기 이를 데 없는 리더십에도 불구하고 이준익 감독에게선 카리스마가 풍긴다. 배우나 스태프에 대한 존중의 이면에 그는 자신감이라는 칼을 감추고 있기 때문이다. 그러니까 결국 리더십이란 리더에 대한 조직 구성원들의 신뢰가 바탕에 깔린 것이고, 그들의 신뢰를 리더 역시 신뢰하는 것이라고 정리해볼 수 있다. 거기서 바로 존중의 리더십이 나오게 된다. 이렇게 카리스마를 스스로 버린 리더는 자신이 의도하지 않았어도 진짜 카리스마, 진짜 리더십을 갖게 되는 셈이다.

리 더 는 발 견 하 고 발 전 시 킨 다

가끔 그럴 때가 있다. 분명히 원래 알고 있던 사람인데 문득 '저 사람에게 저런 면이 있었나?' 하고 새롭게 보게 될 때 말이다. 겉으로 아직 드러나지 않고 숨겨져 있는 능력이나 매력, 그것을 우리는 흔히 '잠재력'이라고 부른다. 어쩌면 나 자신도 미처 알지 못하는 그 잠재력은 때로 좋은 리더를 통해 발현되기도 한다.

　　리더로서의 영화감독에게 필요한 또 한 가지 덕목은 협업에 참여하는 이들의 잠재력을 최대한 발휘할 수 있도록 이끌어내는 능력이다. 단지 좋은 인적 자원과 함께 일하는 것에 그치지 않고 그들 안에서 플러스알파를 만들어내는 것이 좋은 리더의 자질이다. 그랬을 때 리더는 성과를 만들어내는 것 이상의 선물을 협력자들에게 나눠줄 수 있다.

영화 〈암살〉의 최동훈 감독은 앞서 역시 천만 관객을 돌파했던 〈도둑들〉에 배우 전지현을 캐스팅했다. 그전까지 전지현은 수년 동안 슬럼프에 빠져 있었다. 출세작이라고 할 수 있는 〈엽기적인 그녀〉 이후에 이렇다 할 흥행작이 거의 없는 상황이었다. 〈4인용 식탁〉, 〈내 여자 친구를 소개합니다〉, 〈데이지〉, 〈슈퍼맨이었던 사나이〉, 〈블러드〉까지, 출연작들은 줄줄이 흥행에서 고배를 마시고 말았다. 그때까지 전지현은 단지 스타로서 소비되었을 뿐 배우로서의 족적을 남길 만한 작품을 만나지 못하고 있었다.

그런 전지현에게 다시금 전성기의 스포트라이트를 비추게끔 만들어준 계기는 역시나 영화 〈도둑들〉이다. 이 작품에서 전지현은 곽재용 감독의 〈엽기적인 그녀〉에서 보여주었던 엉뚱하고도 되바라진 매력을 재활용하는 가운데서도 이전과는 확연히 다른 모습을 보여주었다. 그건 많은 주인공들이 한꺼번에 등장하는 영화를 잘 만드는 최동훈 감독이 다양한 배우들과 전지현을 차지게 버무리는 가운데서도 전지현만이 뿜어낼 수 있는 캐릭터적인 매력을 이끌어냈기 때문이다. 그리고 후속작인 〈암살〉에서는 독립군 여전사와 친일파의 딸이라는 일인이역을 통해 그녀의 또 다른 매력을 보여준다. 그야말로 '전지현의 재발견'이었다.

최동훈, 새로운 전지현을 만나다

최광희 감독님이 전지현 씨를 캐스팅하겠다고 마음먹고 현장에서 어떻게 매력을 뽑아내셨는지 말씀 좀 해주세요.

최동훈 전지현 씨는 원래 매력이 있어요.

최광희 하하! 그건 누구나 다 아는 사실인데, 캐릭터가 부여되면서 생기는 매력이라는 게 있잖아요?

최동훈 그렇죠. 우연히 한 번 에스컬레이터에서 올라가다가 보고 "와, 안녕하세요!" 인사는 나눈 적은 있었지만 실제로 딱 한 번 만나서 얘기를 해봤어요. 그것도 시나리오를 쓰기 전에. 그런데 이 배우한테서 사람을 딱 끌어당기는 힘이 있더라고요. 본능적으로 '아! 이 배우에게는 무언가 더 있구나'라고 느꼈어요. 사실 〈도둑들〉에서 '예니콜'이라는 캐릭터는 없어도 되거든요. 그 캐릭터가 빠져도 이 영화는 굴러가요. 그런데 예니콜이 나오는 대목을 막 쓰면서 '이걸 전지현 씨가 하면 되게 재미있겠구나' 하는 생각이 들었어요. 예니콜은 어떤 동일한 성격의 여자가 아니고 영화에서 보면 이랬다저랬다 그래요.

그런데 〈암살〉을 찍을 때는 "연기를 잘하려고 하지도 말고, 예뻐 보이려고 하지도 말고, 그냥 당신은 사회에서 자라고 뛰어다니고 그런 사람일 뿐이다. 그리고 많은 걸 표현하지 말자. 나는 그걸 보고 싶다."
그렇게 해서 전지현 씨랑 작업을 했죠. 되게 만족했어
요. 그러니까 전지현 씨의 다른 모습을 저도 보고 싶
었고, 그걸 관객들에게도 보여주고 싶었는데 완전 다
른 역할이긴 하지만 전지현 씨가 없었다면 〈암살〉은
아마 못 만들어졌을 거라는 생각이 들어요

최동훈, 〈도둑들〉 〈암살〉 감독

'전지현의 다른 모습을 보고 싶었다'는 최동훈 감독의 야심은
결국 전지현과 함께한 〈도둑들〉과 〈암살〉, 두 편을 모두 천만 영화에
등극시키는 엄청난 성과로 되돌아왔다. 전지현 역시 그 덕분에 최고
의 인기 가도를 달리게 되었다. 만약 전지현이 최동훈 감독을 만나지
않았더라면 과연 지금의 전지현이 가능했을까? 나는 전지현을 스타
에서 배우로 만든 주인공은 다름 아닌 최동훈 감독이었다고 믿는다.

그만큼 영화감독은 원석을 보석으로 만들어내는 리더라는 얘
기다. 원석 안에서 보석이 될 가능성을 발견해내는 것, 그것도 영화감
독의 능력이다. 그것이야말로 가장 재능 있는 리더가 할 수 있는 역할
이다. 함께 일하는 이들에게서 숨겨진 매력을 발견하고 그걸 발전시
키는 것, 최동훈 감독의 리더십은 그래서 더 빛난다.

권위를 앞세운 리더십은 조직의 협업을 오히려 망치는 길일 수
있다. 모든 구성원이 리더의 눈치만을 보고, 리더가 요구하는 것만을
수행하는 수동성의 함정에 빠질 수 있기 때문이다. 리더십은 협업 과

정에 있는 동료들과의 수평적인 연대감을 기반으로 그 효과를 발휘한다. 각자의 전문성을 존중하고 그들이 지닌 열정이 성과로 이어질 수 있는 든든한 다리를 놓아주는 것, 그리고 그들 안에 잠재된 능력을 이끌어내 더욱 빛나는 보석으로 만들어주는 것, 그것이 공감이라는 성과 창출을 위해 필요한 진짜 리더십이다.

Action!

프로젝트의 리더는 목표와 구성원들의 행동을 연결시키는 중요한 역할을 수행한다. 군림하거나 권위적인 리더십보다 구성원 간의 자유로운 커뮤니케이션을 전제로 자발적인 협업을 이끌어내는 리더십이 더욱 효과적이다. 리더는 구성원들과 상호 신뢰를 공유할 수 있어야 한다. 믿음을 주지 못하는 리더는 성과 창출의 걸림돌일 뿐이다. 리더는 또한 구성원의 잠재력과 가능성을 발견하고 발전시켜 나갈 수 있도록 유도할 수 있어야 한다.

조직의 윤활유는
소통이다

결국은 소통이 가장 중요한 것 같아요. 소통이 깨지면 그 영화는 절대 잘 나올 수가 없는 거예요.

최동훈, 〈도둑들〉 〈암살〉 감독

촬영하다 보면 배우 생각과 감독 생각이 다르면 트러블이 생기기 마련인데, 저 같은 경우에는 안 되면 비니까. 스태프가 있건 없건 그냥 한번 해달라고 비니까.

윤제균, 〈해운대〉 〈국제시장〉 감독

"뭐지? 왜 이게 시원하게 안 풀리지?" 하고 배우와 툭 까놓고 얘기해야 된다는 거죠. 그러다 보면 해법이 나올 수 있거든요.

우민호, 〈내부자들〉 감독

각 분야의 전문가들이 함께 모여 작업하는 영화의 특성상 조직이 원활하게 움직일 수 있어야 제대로 된 성과를 낼 수 있다는 건 두말하면 잔소리다. 그렇다면 어떻게 해야 현장에 모인 수백 명의 배우와 스태프가 똘똘 뭉쳐 하나의 목표를 공유하면서 제대로 일을 할 수 있게 만들 것인가. 그 키워드는 당연하게도 '소통'이다.

소통이 중요하다는 거, 모르는 사람 아마 없을 것이다. 그런데도 영화 현장에서는 소통이 안 돼 영화 제작이 삐걱대는 경우가 종종 생긴다. 이를테면 어떤 영화감독은 스태프가 말을 듣지 않으면 폭력을 행사하기도 한다. 그 감독은 충무로에서 스태프들의 기피 1호 대상이 됐다. 한때는 천재라는 극찬을 들었던 영화감독이다. 그런데도 아무도 그와 일을 하려 들지 않으니 몇 년째 신작을 내지 못하는 신세가 되고 말았다.

이런 감독도 있었다. 배우에게 지시한다. "너 카메라 왼쪽에서 들어와서 하늘을 한 번 올려다보고 천천히 프레임 밖으로 나가." 배우가 묻는다. "그게 어떤 맥락인가요?" 감독이 대답한다. "맥락은 내 머릿속에 있어. 넌 그냥 하라는 대로 해." 결국 그 감독은 배우들과의 불화 때문에 영화를 끝까지 마치지 못하고 말았다.

두 감독의 공통점은 무엇일까? 바로 조직 구성원들 간의 소통에서 실패했다는 것이다. 수십에서 수백 명의 배우와 스태프가 모여 하나의 목표를 공유하면서 제대로 일할 수 있으려면 서로 간의 소통과 화합은 필수적이다. 이건 비단 영화 제작 현장에만 적용되는 조건이 아니다. 어떤 조직이든 성공적인 성과물을 내기 위한 필요충분조건은 바로 소통이다.

홍행 감독들의 경우엔 어떨까? 현장에서의 소통을 굉장히 중요시한다는 공통분모를 끄집어낼 수 있다. 흥행이라는 성과를 창출하기 위해선 일단 현장에서의 화합이 대단히 중요하다는 걸 그들은 잘 알고 있다. 그 화합을 잘 이끌어낸 소통의 달인들이 결국 흥행작을 낼 가능성이 더 높다는 것도 우리는 흥행 감독들을 통해 확인할 수 있다.

최동훈의 '친구가 되는 소통'

최동훈 감독을 실제로 만나 보면 굉장히 겸손하고 소박하다. 천만 영화 두 편을 낸 감독이라면 거만까지는 아니더라도 어느 정도 어깨에 힘을 줄 만도 한데 그에게서는 그런 면모를 찾아볼 수가 없다. 인터뷰를 하면서 최동훈 감독은 상대가 누구이든 사람을 상당히 편안하게 만들어주는 스타일인 것 같다는 인상을 받았다.

영화 〈암살〉을 찍기 전에 그는 오랫동안 같이 일했던 최영환 촬영감독과 함께 작업할 수 없는 상황이 됐다. 아쉽게도 최영환 촬영감독이 같은 기간에 류승완 감독의 〈베테랑〉을 찍기로 돼 있었기 때문이다. 워낙 두 사람이 함께 여러 작품을 해왔기 때문에 당연히 최동훈 감독으로선 아쉬움이 컸을 것이다. 하지만 한국 최고의 촬영감독인 김우형 촬영감독이 〈암살〉의 촬영감독으로 낙점됐다. 불행 중에 천만 다행이었던 셈이다. 그런데 김우형 촬영감독과 첫 번째 작업이라는 건 아무래도 부담 요소일 수밖에 없었다. 그의 작업 스타일을 잘 모르기 때문에 촬영 중에 불화가 생길 가능성도 있었기 때문이다. 최동훈 감독으로선 일단 김우형 감독의 스타일을 아는 게 급선무였다.

최동훈　최영환 촬영감독은 표범 같은 사람이에요. 그런데 김우형 촬영감독은 사자 같은 사람이에요. 조금 느리긴 한데 또 묵직하고. 그래서 계속 이야기를 하면서 뭐를 좋아하는지, 어떤 영화를 좋아하는지, 어떤 영화의 벌판 장면은 조명을 어떻게 하는 거로 추정이 되며, 뭐 그런 얘기를 해나가다가 실제로 영화를 찍을 때는 사람만 찍는 거예요. 그러니까 내가 되게 좋은 스태프를 만났구나, 느꼈죠.

최광희　최영환 촬영감독과 계속 작업을 하시다가 갑자기 촬영감독이 바뀌는 바람에 적응하기가 쉽지 않았을 텐데, 어쨌든 그분에게 맞는 방법론을 찾으려면 감독님이 그분에게 익숙해져야 하는 부분도 있잖아요. 물론 그분도 감독님에게 익숙해져야겠죠.

최동훈　그렇죠. 일단 거짓말을 안 하면 됩니다. 그러니까 살면서 거짓말을 안 할 수는 없지만 꼼수를 가지고 있으면 안 되는 것 같아요. 오히려 그냥 느끼는 것을 솔직하게 얘기하는 게 좋은 것 같아요. 예를 들면 "현장에서 조금 느리다는 소문이 있던데 맞습니까?" 하고 묻고, "저 안 느립니다" 그러면 "아, 그래요? 알겠습니다" 하는 거죠. 왜냐면 최영환 촬영감독이 너무 빨라요. 심지어 채 맞추지 않은 트랙 위에서 촬영을 하다가 트랙이 이탈된 적도 있었어요. 그런데 의외로 김우형 촬영감독님도 정말 너무너무 빨랐어요. 근본적으로 그 사람을 좋아하게 되면 별문제는 안 생기는 것 같아요.

최동훈, 〈도둑들〉 〈암살〉 감독

김우형 촬영감독과 처음으로 호흡을 맞춰야 하는 상황에서 최동훈 감독의 소통 방법론은 '솔직함'이었다. 이리저리 재고 간을 보고 꼼수를 부리지 않은 것이다. 그냥 솔직하게 "내가 당신에 대해 이렇게 알고 있는데 맞냐?" 하고 묻고, 허심탄회한 대화를 통해 서로의 스타일을 알아가는 방식을 택했다. 이런 솔직함은 굉장히 강력한 힘을 발휘한다. 내가 협업해야 할 대상과의 허물없는 대화는 위계와 직무 분야의 경계를 뛰어넘어 사람과 사람 사이의 심리적인 장벽을 무너뜨린다. 말하자면 친구가 되는 것이다.

그렇다고 최동훈 감독이 무조건 허허실실 하는 것만은 아니다. 그는 일단 현장의 지휘자인 감독으로서 스스로 명확한 비전을 가질 때까지 끊임없이 고민한다. 리더로서의 감독은 소통의 출발점이기 때문이다. 무엇보다 그는 배우들에 대한 존중을 넘어 존경심을 드러낸다. 그런 최동훈 감독의 태도는 물론 하루아침에 만들어진 건 아니다. 그 역시 오랜 시행착오를 겪었고, 누군가를 자기 뜻에 맞춰 따라오게 하는 게 소통이 아니라 협업에 참여하는 동료들과 생각이 비슷해질 수 있는 접점을 만들어내기 위해 노력하는 과정이 소통임을 자연스럽게 깨달았다.

최동훈　제가 영화감독이 되겠다고 그랬을 때 제 친구들의 반응은 "너처럼 우유부단하고 유약한 애가?"였어요. 그러니까 대부분 영화감독은 굉장한 카리스마를 가진 사람이 하는 거라고 인식하고 있었던 거죠. 그래서 90년대 중반까지는 '영화감독이 못 되어도 시나리오 작가라도 됐으면 좋겠다'라는 생각이 있었는데, 막상 정말 영화를 찍게 되니까 되게 무서웠어요. 스태프들이 100명씩 와 있는데 카리스마는 없고. 그래서 매일 현장에 한 시간 일찍 갔어요. 그 전날에도 계속 고민을 하지만, 실제로 현장에서 오늘 어떻게 찍을까 배우처럼 걸어보고, 소품들 살펴보고, 이미 6개월 전에 짠 콘티보다 더 생명력 있는 장면을 어떻게 만들까 고민했죠. 그러다 보니까 저 자신이 좀 명확해지는 거예요. 촬영장 분위기도 되게 좋아지기 시작했어요. 그 전까지는 '저 신인감독은 믿을 수 없을 것 같아' 하는 의심이 조금 있었죠. 어떻게 보면 영화감독은 숙제를 하는 사람이라는 느낌이 있었어요.

그리고 저는 배우를 정말 좋아해요. 배우가 얼마나 고통스러운 직업인지도 알고, 배우가 얼마나 외로운지도 알아요. 그래서 그 배우에게 정말 좋은 파트너가 되어주고 싶어요. '내가 이렇게 생각을 했으니까 따라오세요'가 아니라 '당신의 생각과 내 생각이 비슷해지길 바라요' 하고 생각하죠. 그래서 꼭 작품 얘기뿐만 아니라 그냥 이런저런 사는 얘기도 하면서 그 배우의 말투나 표정 짓는 법 같은 것들을 자세히 관찰하기도 해요.

결국은 소통이 가장 중요한 것 같아요. 소통이 깨지면 그 영화는 절대 잘 나올 수가 없는 거예요. 그리고 어떤 면에서는 배우가 되지 못한 루저가 영화감독을 하는 듯한 생각도 들어요. 저는 배우가 너무너무 대단하다고 생각하는 감독입니다.

최광희 현장에서 테이크 하나 끝나면 감탄을 막 남발하시고 그러시는 편이세요? "와! 진짜 죽인다", 이런?

최동훈 아니요, 그렇게 안 하고 무전기 놓고 막 달려가죠, 배우에게. 그래서 얘기하고 다시 달려와서 또 찍고. 왜냐면 저랑 배우 사이에 하는 얘기를 무전기로 하기 싫은 거예요.

최광희 직접 소통하고 싶은 건가요?

최동훈 네, 100퍼센트 좋은 얘기만 할 수는 없잖아요. 여기에서 이런 부분은 수정됐으면 좋겠고, 지금 카메라가 맞지 않고, 그런 얘기를 하는데 가깝게 얘기하는 게 훨씬 더 좋은 것 같아요. 〈암살〉을 찍을 때 산에서 전지현 씨가 일본군과 독립군의 전투 현장을 만나서 총을 쏘는 장면이 있었는데 모니터와 전지현 씨의 거리가 100미터쯤 됐어요. 거길 계속 뛰어다녔어요. 나중에는 "나 모니터 안 볼게" 하고 카메라 앞에서 보는데 그게 진짜 영화를 찍는 것처럼 느껴졌어요.

최동훈, 〈도둑들〉 〈암살〉 감독

윤제균의 '역지사지 소통'

최동훈 감독과 마찬가지로 〈해운대〉와 〈국제시장〉, 두 편의 천만 영화를 탄생시킨 윤제균 감독. 그의 소통 방법론을 한마디로 정의한다면 '역지사지 소통'이다. 말 그대로 입장을 바꿔서 생각해보는 것이다. '내가 만약 저 사람이라면?' 하는 질문에서 시작한다.

이런 역지사지의 소통론은 윤제균 감독 그 자신이 평범한 샐러리맨에서 영화감독으로 전업하고 온갖 부침을 겪은 끝에 지금의 자리에 오게 된 과정과 결코 무관하지 않다. 그것을 통해 그는 사람의 인생이란 어떻게 될지 모른다는 것을 배웠다. 따라서 누구에게도 함부로 굴 수 없다는 게 그의 지론이다.

저는 스태프 막내 이름까지 다 외워요. 그 친구들한테 "야!" 하고 부르는 것과 "누구야" 하고 직접 이름을 부르는 건 완전히 다르잖아요? 인간에 대한 기본적인 애정이 필요한 것 같아요. 왜냐하면 내가 힘들고 가난하고 그런 곳에 있다가 잘되기도 해보고, 오르막 내리막을 많이 겪었기 때문에.

기본적으로 사람에 대한 생각이 뭐냐면, 사람이 잘나 봐야 얼마나 잘났을 것이고 못나 봐야 얼마나 못났겠어요. 저는 운이 좋아 정말 잘되어서 감사할 뿐이지. 실력이 돼도 운이 안 좋아서 혹은 집안 때문에, 여러 가지 이유로 안 되는 사람들이 있잖아요. 사람의 1~2년 뒤까지는 예측할 수 있겠죠. 하지만 그 사람의 10년 뒤를 어떻게 예측해요. 불과 10년 전에 군포 다세대 주택에서 통장에 돈 만 원 없이 살던 샐러리맨이었는데 그 사람이 10년 뒤에 이렇게 되어 있을 줄 누가 알았겠어요. 그때 나를 무시했던 사람이 얼마나 많겠어요. 지금은 다 후회하겠지만. 그래서 사람 인생은 언제, 어떻게 될지 모른다고 생각해요. 막내 스태프의 1~2년 뒤 상황은 예측할 수 있을지 몰라도 그 친구가 10년 뒤에 어떻게 될지 누가 알아요. 배우도 마찬가지예요. 그래서 신인 배우한테 되게 잘해요. 지금이야 황정민 씨가 최고지, 10년쯤 뒤에 어떤 신인이 황정민만큼 최고가 돼 있을지 누가 알아? 모르잖아요. 그래서 기본적으로 인간에 대한 애정이 필요한 것 같고.

지금은 사람들이 얼마나 저한테 잘해주겠어요. 그런데 평생

이러진 않을 거잖아요. 지금이 내 인생의 정점이라고 생각하는데, 이제 내려올 일밖에 안 남았는데. 나중에 대우받으려면 지금부터 사람들한테 잘해놔야지. 다 잘해줘야죠.

윤제균, 〈해운대〉 〈국제시장〉 감독

인간에 대한 애정, 그것은 윤제균 감독으로 하여금 현장의 막내 스태프 이름까지 일일이 다 외우게 만들었다. 감독이 이렇게까지 나오면 현장의 스태프들은 자발적으로 최선을 다해 협조할 수밖에 없을 것이다. 단기간의 목표에 매달린 나머지 협업에 참여하는 이들을 도구로 취급하는 경우도 적지 않다. 앞서 언급한 두 명의 감독이 바로 그런 경우라고 할 수 있다. 그러나 성과란 리더의 전유물이 아니다. 모든 구성원이 함께 협력해 만들어가는 작업이다. 따라서 리더는 소통 방법론에서 오히려 발상을 전환해야 할 필요가 있다. 윤제균 감독은 어떻게 발상을 전환했을까?

최광희 감독님의 리더십은 어떤 스타일인지요?

윤제균 저는 명확하죠. 많은 영화인들이 알 텐데, 소문이 다 나서. 가장 비굴한 스타일. 속된 말로 가장 가오 없고, 가장 카리스마 없는 감독이 누구냐 물어보면 아마 많은 사람들이 저를 이야기할 거예요. 지금도 현장에서 큰소리 한 번 내본 적이 없는 것 같고. 촬영하다 보면 배우 생각과 감독 생각이 다르면 트러블이 생기기 마련인데, 저 같은 경우에는 안 되면 비니까. 스태프가 있건 없건 그냥 한번 해달라고 비니까. 그런데 누구라도 감독이 그렇게 나오면 불쌍해서 해주는 것 같아요. 배우 생각이 맞을 때도 있고 감독 생각이 맞을 때도 있고 그렇잖아요. 사람이 수학이 아니니까. 그런데 배우 생각이 맞을 때도 있고 제 생각이 맞을 때도 있으니까 일단 찍어봐야 하잖아요. 안 되면 울어서라도 한 번만 해달라 해요. 저는 참 운 좋게도 현장에서 같이 작업했던 스태프, 배우 분들이 다 저를 좋아해 주셨던 것 같아요.

윤제균, 〈해운대〉〈국제시장〉 감독

영화 시장의 규모는 나날이 커지고 있지만 사실 영화계의 작업 환경은 그리 녹록지 않다. 스태프들에 대한 열악한 처우 문제도 어제오늘의 일이 아니다. 2011년 영화 스태프들의 근무 환경 개선을 위해 표준근로계약서를 도입했지만 이는 권고일 뿐 강제성은 없는 상황이다. 그런데 영화 〈국제시장〉을 만들 당시 윤제균 감독은 막내 스태프들까지 모두 표준근로계약서를 쓰게 해 화제가 됐다.

표준계약서는, 아시겠지만 되게 심플해요. 첫째, 하루 12시간 이상은 촬영하지 않는다. 둘째, 12시간 이상 촬영하면 추가 수당을 준다. 셋째, 일주일에 한 번은 쉰다. 넷째, 4대보험을 적용한다. 그런데 그 옆에 생략된 단어가 있어요. 그것이 '인간적으로'예요. 인간적으로 하루에 12시간 이상 촬영하지 말자, 인간적으로 12시간 이상 촬영하면 돈을 더 주자, 인간적으로 일주일에 한 번은 쉬자, 인간적으로 사고가 날지 모르니까 기본적인 보험은 적용해주자.

처음 이 계약서를 쓰려고 할 때 할 수 있을까, 하는 의문이 들었던 게 사실이에요. 그때 생각을 했어요, 역지사지로. 내가 스태프라고 생각을 해보자. 나이 20대 중후반, 30대 돼서 이러고 있는데 한 달에 돈 백만 원도 못 받고 일을 하면 심정이 어떨까.

윤제균, 〈해운대〉 〈국제시장〉 감독

우민호의 '해답을 같이 찾는 소통'

영화의 경우 협업을 할 때 우선 감독이 무엇을 원하는지 명확하게 인지시키는 게 중요하다. 그런데 리더인 감독이 아무도 못 알아듣는 말을 하거나, 내가 알아서 다 할 테니 너희는 그냥 시키는 대로 따라라 한다면 말처럼 될 가능성은 극히 낮아진다. 적어도 함께 일하는 이들 모두가 감독의 머릿속에 있는 방향성이 무엇인지 가늠하고 있어야 거기에 맞춰 각자의 영역에서 해야 할 일들을 스스로 알고 움직일수 있기 때문이다.

그런데도 간혹 감독의 의도와 배우나 스태프들의 생각이 어긋날 때가 있기 마련이다. 처음부터 그야말로 죽이 잘 맞아서 누가 한마디를 하면 열 마디로 알아듣는 상황이라면 모를까, 서로 다른 성격을 가지고 서로 다른 분야의 일을 하는 이들이 모여 하나의 영화를 만드는 과정에서 크고 작은 불협화음이 생기는 건 어쩔 수가 없을 것이다. 소통은 바로 그럴 때 절실한 법이다.

　〈내부자들〉의 우민호 감독은 그런 점에서 운이 아주 좋은 경우에 속한다. 일단 함께한 배우들, 이병헌, 조승우, 백윤식 등이 모두 베테랑 배우들이었다. 그래서 현장 분위기가 상당히 좋았다고 한다. 그는 "진짜 선수들은 서로 싸우지 않는다, 아마추어들이나 싸우는 것"이라고 단언한다. 어쨌든 그래도 생각이 어긋나게 될 경우에 우민호 감독은 촬영을 멈추고 대화를 시도한다고 했다. 좀 더디게 가더라도 제대로 가는 길을 택하는 것이다. 그의 방법론은 바로 '해답을 같이 찾는 소통'이다.

최광희	만약에 감독이 배우의 연기가 이 장면의 목적이나 의도에 맞지 않는 거 같다, 약간 조금 바꿨으면 좋겠다, 라든가 열 번 이상의 테이크를 가야 할 경우, 그런 경우엔 배우들이 힘들어할 테고, 어쨌든 설득을 해야 하잖아요.
우민호	이유가 있어야죠.
최광희	그 이유, 그러니까 합리적인 이유를 대야 하는 거죠.
우민호	이유 없이 가는 감독도 있어요. 그러면 감독과 배우가

사이가 안 좋아지죠. 왜냐면 얘기를 안 해주니까, '가라' 그러는데 '어떻게 가라'는지 모르겠고. 그런데 그런 경우가 왕왕 있는 게 사실이거든요. 정확한 이유는 모르겠지만 그냥 뭔가 부족하다고 생각하는 경우. 감독도 시원하게 얘기해줄 수 있으면 좋은데 자기도 정확히 모르는 거죠, 그 부족함이 뭔지를. 그러니까 그냥 배우한테 "한번 가봅시다"라고 얘기하는 건데, 사실 그러면 안 되죠. 차라리 촬영을 잠깐 중단하고, "그 부족함이 뭐지? 왜 이게 시원하게 안 풀리지?" 하고 배우와 툭 까놓고 얘기해야 된다는 거죠. 그러다 보면 해법이 나올 수 있거든요. 그러지 않고 무조건 배우한테 "야! 그냥 다시 가!" 이러면 제가 봤을 때 힘들죠. 신뢰가 안 쌓이죠.

우민호, 〈내부자들〉 감독

소통은 리더십의 연장선에 놓인 미덕이자 협업 과정에서 반드시 필요한 윤활유와도 같은 역할을 한다. 서로 맞물려 있는 기계 부품이 잘 돌아가게 하려면 당연히 윤활유를 쳐주어야 한다. 그래야 기계가 제대로 작동한다. 그런 것처럼 소통은 작업 과정을 매끄럽게 만들어준다. 무엇보다 전체 협업 과정의 분위기를 긍정적인 방향으로 이끌어준다. 협업에서 분위기는 정말 중요한 요소라는 거, 알고는 있지만 많은 이들이 정말 자주 까먹는다. 최동훈 감독의 친구가 되는 소통,

윤제균 감독의 역지사지 소통, 우민호 감독의 해법을 같이 찾는 소통, 이 세 가지 소통 방법론 모두 우리가 협업으로부터 최선의 성과를 얻을 수 있는 이정표가 될 수 있다.

Action!

성공적인 성과물을 내기 위한 필요충분조건은 협업에 참여하고 있는 구성원 간의 원활한 소통이다. 소통은 솔직함과 진실성을 전제로 할 때 가장 효과적이다. 우선 마음을 나누는 사이가 되어야 소통의 힘도 커지는 것이다. 소통하는 대상이 리더와의 지위 격차로 인한 심리적 부담감을 줄일 수 있고, 평등한 협업자로 느낄 수 있도록 만드는 노력도 협업의 필수 요건이다. 어려운 상황에 놓였을 때 구성원들과 공동으로 해법을 찾아나가게 된다면 프로젝트에 대한 구성원의 충성도를 높일 수 있다.

위기의 해법은
가까이 있다

〈암살〉의 마지막 장면은 다시 찍었어요. 잘못 찍었더라고요. 처음에 찍었는데 이게 아닌 것 같은 거예요. 그럴 때는 얘기해요. "내가 잘못 찍은 것 같다."

최동훈, 〈도둑들〉〈암살〉 감독

작가 시절부터 준비하던 영화가 하도 많이 엎어져서, 한 일고여덟 편 엎어졌어요. 연출 준비작 두 편도 제작 무산됐고, 작가 시절까지 하면 뭐, 더 많죠.

이병헌, 〈스물〉 감독

인생을 살다 보면 분명히 위기가 있더라고요. 저도 몇 번이나 있었고, 어떤 수를 써도 안 되더라고요. 그때는 그냥 기다릴 수밖에 없어요. 분명히 또 매직 아워가 오니까.

윤제균, 〈해운대〉〈국제시장〉 감독

내 주변에 있는 영화계 사람들을 만나 보면 흥행이 잘돼 싱글벙글 웃고 다니는 이들보다 잔뜩 주눅 들어 의기소침해 있는 사람들이 더 많다. 아니, 그냥 많은 정도가 아니라 훨씬 더 많다. 그만큼 영화란 작업에서 목표했던 성과를 얻은 이들보다 그렇지 못했거나 못 하고 있는 경우가 더 많다는 얘기다. 말하자면 그들은 지금 위기를 겪고 있거나 위기로 인해 좌절한 상태라고 할 수 있다.

누구나 살다 보면 위기라는 걸 맞게 된다. 개인의 삶에 위기가 올 수도 있지만 회사나 조직체에서 야심 찬 프로젝트를 진행하다가 도중에 예기치 못한 위기 상황을 맞는 경우도 적지 않다. 그래서 속칭 '엎어지는' 경우가 속출한다. 아마도 이 세상에 위기로부터 자유로운 개인이나 조직은 존재하지 않을 것이다. 오죽하면 위기가 닥쳤을 때 그 위기가 어떤 유형의 것이며, 어떻게 대처해야 하는지에 대한 연구 분야와 전문가들이 따로 있을 정도겠는가.

그렇다면 영화에서는 어떤 위기들이 존재할까? 크게 나누면 영화를 창작하는 과정에서의 위기가 있을 것이다. 기대를 건 영화가 흥행에 참패해서 영화사가 위기를 맞는 경우도 있다. 심지어 영화를 개봉할 즈음에 돌발 변수가 생기는 위기 상황도 발생하곤 한다. 영화 마케팅회사인 '퍼스트룩'의 이윤정 대표와 강효미 이사는 영화 현장에서 일어날 수 있는 몇 가지 위기 사례를 들려준다.

'퍼스트룩'이 경험한 몇 가지 위기들

이윤정 〈베테랑〉이란 작품이 사실은 10월 정도에 개봉하려
했던 작품이어서 마케팅의 방향성이나 포지션 같은
것들도 그 시기나 그 계절, 경쟁작들에 세팅되어 있
었거든요. 근데 그게 다음 해 4, 5월에 개봉하는 걸로
지연되고, 그래서 5월 시즌에 맞는 마케팅 방향성으
로 진행하다가 또 갑자기 6월, 7월, 이러면서 결국은
8월 여름 시장에 개봉하는 걸로 결정됐거든요. 10개
월 정도 개봉 기간이 계속 바뀐 거죠.

강효미 〈명량〉 같은 영화도 애초에 시나리오상의 세목은〈명
량 회오리바다〉였는데 개봉 직전에 〈명량〉이라는 제
목으로 바꿨죠. 비슷한 시기에 개봉한 다른 경쟁작들
의 제목과 비슷하게 가게 되는 상황의 변화나,〈명량〉
개봉을 몇 달 앞두고 비극적인 세월호 사건이 발생한
것도 있었고, 이런 여러 가지를 고려해서 제목을 바
꾸기로 한 경우죠.

이윤정, '퍼스트룩' 대표 & **강효미**, '퍼스트룩' 이사

두 사람이 예로 든〈베테랑〉과〈명량〉이 이런 상황을 통과해왔
다는 사실이 새삼 흥미롭게 들린다. 알다시피 두 편의 영화 모두 결과
적으로는 관객 천만 명을 넘겼다. 특히〈명량〉의 경우 1,760만 명이
라는 한국영화상 최고의 흥행 기록을 세웠다. 그럼에도 그 이면에 이

렇게 위기관리를 위한 나름의 분주한 움직임들이 있었다는 사실은 관객들 대다수가 알지 못하는 이야기다. 어쨌든 영화라는 매체의 특성상 다양한 위기 상황이 존재한다는 걸 알 수 있다.

흥행 감독들이라고 해도 예외는 아니다. 그들에게도 당연히 위기는 찾아온다. 한때 잘나갔던 흥행 감독들 가운데 지는 해처럼 신작들을 내지 못하고 있는 이들도 있다. 그들은 지금 위기를 통과하고 있는 셈이다. 엄청난 시련과 좌절을 안겨주는 위기 상황을 나름대로 극복해오며 오뚝이처럼 재기한 감독들도 있다. 그들의 위기관리 노하우는 과연 무엇일까? 들어보면 해법은 그리 멀지 않은 곳에 있다.

실수를 빨리 인정하라

이런 말이 있다. "최선의 위기관리는 위기 발생을 미연에 방지하는 것이고, 차선책은 위기로 인한 피해를 최소화하는 것이며, 최악의 경우는 위기를 한 번 겪었는데 비슷한 위기를 또다시 맞아 엄청난 피해를 보는 것이다."

위기를 맞지 않는 게 가장 좋겠지만 어디 세상일이 그리 호락호락하겠는가. 그렇다면 우리는 위기 상황이 닥쳤을 때 그것을 어떻게 현명하게 극복하고 대처해야 하는가에 대해서 집중할 필요가 있다. 적어도 위기로 인한 피해를 최소화하고 같은 위기를 되풀이하는 최악의 상황을 막기 위해서라도 말이다.

영화를 촬영하는 동안에도 위기는 찾아오기 마련이다. 배우가 촬영 스케줄을 펑크 낸다든지, 예정된 촬영지에서의 촬영 허가가 갑자기 취소된다든지, 촬영 도중에 대형 사고가 터진다든지 하는 경우들은 수시로 벌어진다. 그런 경우는 사실상 불가피한 상황이니까 최대한 대안을 빨리 마련하는 게 상책일 것이다.

그런데 만약 협업의 과정에서 누군가의 실수로 인해 위기가 생겼을 때는 어떨까? 실수의 당사자가 만약 감독이라면 문제는 더욱 심각해질 수 있다. 흥행의 대명사라고 불러도 무방할 최동훈 감독도 그런 실수를 한다고 털어놓는다. 그렇다면 그는 그런 상황에 어떻게 대처했을까?

실수에 대한 최동훈의 생각

저는 반성을 아주 깊이 한다기보다 빠르게 하는 성격이에요.

〈타짜〉의 마지막 장면, 그 도박배 안에서 도박하는 장면을 찍는데 '아! 내가 영화 잘못 찍고 있구나. 김혜수 씨가 맡은 정 마담이 곤이한테 총까지 쏠 동력이 안 생기는데?'라는 생각이 들었어요. 왜 그렇게 썼지? 그래서 스태프들과 배우들에게 "나 시나리오 잘못 쓴 것 같아. 어떻게 하지?" 했죠. 그랬더니 김혜수 씨가 "저 돈을 조승우 씨가 불태우면 불을 끄려고 할 거고, 다 못 꺼서 돈이 불타면 정말 죽이고 싶지 않겠어?" 그러더군요. 어휴, 배우가 그러고 싶다는 거예요. 그렇게 되면 시나리오를 완전히 다 바꿔야 하는 거죠. 조승우 씨한테 어떻게 생각하느냐고 물었더니 "감독님, 나는 좋은데 불은 혜수 누나가 꺼야 하잖아요" 그러더군요. 그래서 돈에 불을 붙이는 설정으로 바꿨어요. 그러려면 서울에서 또 특수효과팀이 와야 하고, 저는 촬영 끝나고 계속 시나리오 바꿔 쓰고 그랬죠. 잘못을 빨리 깨닫는 것도 때론 좋을 수 있구나, 라는 생각이 들어요.

저는 사실 재촬영을 잘 안 해요. 실수마저도 영화의 운명이라고 생각하는 경향이 좀 있는데 〈암살〉의 마지막 장면은 다시 찍었어요. 잘못 찍었더라고요. 처음에 찍었는데 이게 아닌 것 같은 거예요. 그럴 때는 얘기해요. 내가 잘못 찍은 것 같다. 왜 잘못 찍었냐면 이러이러한 이유인데, 솔직히 어떻게 생각하느냐고 묻죠. 만약 배우가 뭔가 미진했다고 말하면 머리를 맞대고 같이 얘기를 해서 다시 그 장면을 찍는 거죠. 실수를 인정하는 게 새로운 보약인 것 같아요.

최동훈, 〈도둑들〉 〈암살〉 감독

최동훈 감독의 위기관리법은 실수를 인정하되 빨리 인정하는 것이다. 그렇게 솔직하게 자신의 잘못을 인정하고 협의를 통해서 대안을 마련한다. 명색이 감독인데 괜히 자존심에 금이 갈까 봐 그냥 넘어가 버리면 영화의 질은 떨어질 수밖에 없다.

공유된 목표, 목표로 한 성과가 우선이라면 지금 당장의 실수를 덮고 넘어갈 수는 없는 법이다. 사실 실수는 위기라고 할 수도 없다. 최동훈 감독은 실수를 최대한 빨리 인정하는 방법을 통해 실질적인 위기를 미연에 방지하는 최선의 위기관리법을 이미 알고 있는 것이다.

위기에 대한 면역력을 키워라

흥행력이 검증된 일부 스타 감독들을 제외하고 대부분의 영화감독들에게 연출 기회를 잡는다는 건 하늘의 별따기처럼 어려운 일이다. 영화계에선 성사될 뻔하다가 직전에 흐지부지되는 프로젝트들이 상당히 많이 발생한다. 그렇게 되면 프로젝트를 진행하던 당사자는 당연히 힘이 빠지는 상황을 넘어 좌절감에 휩싸이기 십상이다. 이런 경우는 개인 차원의 위기라고 볼 수 있다.

〈스물〉이라는 상업영화 데뷔작으로 흥행 성과를 만들어낸 이병헌 감독에게도 그런 위기의 순간들이 숱하게 찾아왔다. 시나리오를 쓴 영화 제작이 무산된 것만 해도 일고여덟 편이고, 연출 준비를 하던 프로젝트들도 두 편이나 영화화 되는 데 실패했다. 정말 인생이 위기의 연속이었던 셈이다.

여러분이 만약 이병헌 감독 입장이라면 어떻게 하겠는가? 아직 나이는 서른 중반이니 다른 일을 찾아볼 여지도 있고 '그냥 직업을 바꿔 버릴까?' 하는 생각을 할 수도 있을 것이다. 이병헌 감독은 자신에게 찾아왔던 그 위기들을 어떻게 극복해온 걸까?

위기에 대한 이병헌의 생각

이병헌   저는 무르팍이 남아 있질 않아요, 하도 엎어져서. 작가 시절부터 준비하던 영화가 하도 많이 엎어져서, 한 일고여덟 편 엎어졌어요. 연출 준비작 두 편도 제작 무산됐고.

최광희   감독님뿐 아니라 충무로의 많은 감독들이 좌절을 겪잖아요. 그럴 때 마인드 컨트롤이 중요할 거 같아요.

이병헌   안 돼요, 그걸 어떻게 컨트롤 해. 그러니까 감독들이 미쳐가는 거지. 제정신이 없어요. 뭐랄까, 되게 초조했었어요. 작가 시절부터 하도 제작 무산이 많이 되다 보니까 '아! 내가 엎어짐의 아이콘이 되는 거 아닌가, 나한테 연락도 안 오는 거 아닌가' 슬슬 불안하고 초조하던 시기였어요. 그런데 이런 상황에서 마인드 컨트롤 할 방법은 사실 다른 쪽으론 없는 거 같아요. 다시 일을 하는 거 말곤 방법이 없죠. 아무것도 안 하고 다른 걸로 해결하려고 하다 보면 더 나락으로 빠지는 거 같아요. 스트레스 푸는 것도 일로 푸는 게 제일 좋아요. 저는 집에서 글 쓰는 게 제일 좋아요. 그럼 크게 틀어지지 않는 거 같더라고요. '엄청난 작품을 만들 거야'라는 욕심보단 '꾸준히 영화를 하면서 성장해 나갈 거야'에 초점을 맞췄던 것 같아요.

이병헌, 〈스물〉 감독

이병헌 감독에게 그 해법은 다시 처음으로 돌아가는 것이다. 그가 가장 좋아하고 잘하는 것, 시나리오를 쓰는 일을 계속했던 것이다. 이병헌 감독이 만약 이런 반복되는 좌절의 상태를 이기지 못하고 영화감독의 꿈을 접었더라면 아마 〈스물〉이라는 작품은 나오지도 않았을 뿐더러 흥행에서도 성공을 거두진 못했을 것이다.

'전화위복'은 이럴 때 쓰는 말이다. 〈스물〉의 흥행 성공에 힘입어 그는 이제 비교적 안정적으로 연출을 할 수 있는 감독군의 반열에 올랐으니까. 그건 그가 자신에게 찾아온 위기들 속에서 나름의 면역력을 길렀기 때문이다.

위기가 닥쳤을 때 흔들리지 않는 사람은 아마 없을 것이다. 하지만 '그' 위기가 곧 실패를 의미하지는 않는다. 그저 어떤 결과로 가는 무수한 과정 가운데 일부일 뿐이다. 역경이 모여 경력이 된다는 말이 있는 것처럼, 위기의 경험이 쌓이면 오히려 스스로를 더욱 단단하게 만들어줄 수 있다. 예방주사를 맞으면 몸에 항체가 생겨서 병에 대한 면역력이 강해지듯 웬만한 문제 앞에선 끄떡하지 않을 수 있는 위기 면역력이 생기는 것이다. 단, 이것은 포기하지 않고 위기의 상황을 뚫고 나간 사람에게만 주어지는 선물이다.

위 기 로 부 터   배 워 라

천만 감독들 가운데 가장 굴곡이 심했던 인물은 바로 윤제균 감독이다. 〈두사부일체〉로 성공적으로 데뷔한 뒤 세 번째 연출작인 〈낭만자객〉이 흥행에서 대참패하고 이후 4년을 절치부심해야 했다. 〈해운대〉로 천만 관객을 동원했지만 제작자로 나섰던 영화 〈7광구〉는 초라한 흥행 성적표를 받아 들고 말았다. 윤제균 감독은 영화감독으로서도, 제작자로서도 상당한 부침을 통과해온 셈이다.

　직접 'JK 필름'이라는 영화사를 운영하고 있는 윤제균 감독은 영화 연출자이자 비즈니스맨이기도 하다. 따라서 제작한 영화가 흥행에 참패할 경우 회사가 입게 되는 손실이나 리스크를 오롯이 감당해야만 한다. 앞서 이병헌 감독이 개인 차원의 위기를 다시 시나리오에 집중하는 처음으로 돌아가는 방식으로 견뎌온 것과는 차원이 다른 문제다. 조직의 사활이 걸린 문제이기 때문이다.

　실제로 영화 〈7광구〉는 영화 개봉 전 열렸던 언론을 대상으로 한 시사회에서 무차별적인 혹평에 시달려야 했다. 그래서 결국 재편집을 하기로 결정이 났다. 그런데 이미 개봉 시점이 못 박혀 있었던 게 문제였다. 재편집을 하면 영상물등급위원회에 재심의를 요청해야 한다. 그 절차를 모두 밟게 되면 개봉일을 자칫 맞출 수 없는 절박한 상황에 내몰렸다. 관객들과 약속했던 개봉일을 맞추지 못한다는 것은 윤제균 감독과 또 이 영화에 투자한 회사에 엄청난 손실을 안겨줄 게 분명한 상황이었다. 결국 부랴부랴 재편집을 마친 영화 〈7광구〉는 개봉일 저녁때가 되어서야 관객들에게 공개될 수밖에 없었고 결과는 재앙에 가까운 흥행 참패였다.

실패에 대한 윤제균의 생각

최광희　제작자로서의 최대 리스크는 〈7광구〉 때가 아니었을까 하는데, 그 위기를 어떻게 극복하셨는지요?

윤제균　얼마 전에 〈매직 아워〉라는 일본영화를 봤는데, 거기에 평생 동안 가슴에 품고 살아가면 좋을 대사가 하나 있더라고요. 하루에서 가장 아름다운 시간이 30분 혹은 채 한 시간도 안 되는 매직 아워magic hour, 즉 노을이잖아요. 그 순간이 지나면 밤이잖아요. 그러면 매직 아워, 이 시간이 얼마 남지 않았어요. 그런데 조금 있으면 밤이야. 이 매직 아워를 최대한 즐기고 누릴 수 있으려면 어떻게 하면 될까요. 무엇인 것 같으세요? 하루 더 기다리면 된대요. 내일도 매직 아워가 와요. 이것과 비슷한 말이 있잖아요. '이 또한 지나가리라.'

　〈7광구〉 개봉 당시 정말 힘들었어요. 개봉을 연기할 수도 있었는데, 그때 만약 매직 아워의 의미를 미리 알고 있었더라면 연기를 했겠죠. 왜냐하면 이 시기 아니면 좀 더 기다렸다가 개봉을 했어도 아무런 문제가 없잖아요. 사실 만든 사람 입장에서는 좀 더 다듬을 필요가 있었는데 그때는 그냥 급했던 거예요. '작년 여름에 〈해운대〉로 천만 했으니 이번 여름에도 〈7광구〉로 천만 해야 돼'라는 조급함. '이렇게 큰 시장을 놓치고 가? 안 돼! 무조건 굳혀!' 왜 그렇게 조급했을까. 매직 아워의 마음이 있었다면 겨울에도 매직 아워가 있을 수 있고, 내년 여름, 1년이 지나도 매직 아워가 오잖아요. 기다리면 될 텐데. 작품의 완성도만 높이면 될 것을, 왜 그렇게 서둘렀나 모르겠어요.

인생을 살다 보면 분명히 위기가 있더라고요. 저도 몇 번이나 있었고. 어떤 수를 써도 안 되더라고요. 그때는 그냥 기다릴 수밖에 없어요. 분명히 또 매직 아워가 오니까. 언젠가는 기회가 와요. 제 경험으론 그랬어요.

윤제균, 〈해운대〉〈국제시장〉 감독

위기는 누구에게나 찾아온다. 도저히 피할 수 없는 위기들이 찾아오기 마련이다. 그러나 우리에겐 내일이 있다. 내일의 매직 아워를 기다리면 되는 것이다. 윤제균 감독은 이렇게 자신을 다독이고 있다. 하지만 물이 이미 엎질러진 뒤의 다독임이라는 것도 부인할 수 없다.

위기를 겪어낸 결과는 다시 그 위기를 되풀이하지 않을 힘을 얻는다는 것이다. 그래서 '위기 학습'이라는 말이 있다. 위기를 통해 배워라, 이런 얘기다. 다시 그런 위기를 되풀이하지 않도록 위기의 원인이 무엇이었으며 대처 방법은 어떤 면에서 잘못되었는지를 면밀히 살피고 반성하는 것이다.

우리 회사는 저희가 돈 내면서 영화 전공 아닌 일반인들 30명 모아놓고 시나리오 모니터링을 하거든요. 지금은 영화판에서 다 없어졌지만 저희는 아직도 해요. 영화를 전혀 모르는 사람들, 영화를 일 년에 몇 번, 한 달에 몇 번 보러 가는 사람들한테 무작위로 그냥 시나리오를 보여줘요. 그리고 '재미있냐, 재미없냐'를 묻죠. 저는 영화 관계자들에게 모니터링 받는 것보다 거기에 대한 절대적인 믿음이 있어요. 일반 대중의 눈높이에서 대중들이 좋아하는 영화를 추구하는 거죠. 그게 제가 잘할 수 있는 것이니까요.

윤제균, 〈해운대〉〈국제시장〉 감독

윤제균 감독은 〈7광구〉의 혹독한 실패 사례를 통해 위기 학습을 단단히 한 셈이다. 윤제균 감독의 두 번째 천만 영화 〈국제시장〉과 제작자로 참여해 흥행 대성공을 거둔 영화 〈히말라야〉는 바로 그 학습으로부터 얻은 성과물들이다.

생명체는 자신의 생존이 위태로워지면 사력을 다해 마지막 꽃을 피우고 씨앗을 맺어 유전자를 후대로 이어가려고 노력하게 된다. 이런 종족 보존 현상을 생물학적 용어로 '앙스트블뤼테Angstblute'라고 한다. 앙스트블뤼테는 독일어로 '공포, 두려움, 불안' 등을 뜻하는 '앙스트Angst'와 '개화, 만발, 전성기'를 의미하는 '블뤼테blute'가 합쳐진 말로, '불안 속에 피는 꽃'이라고 번역할 수 있다. 공해가 극심한 지역의 소나무가 오히려 솔방울을 많이 맺어 자신의 종자를 전파한다거나 열악한 환경의 식물이 오히려 화려한 꽃을 피우는 등의 현상이 모두 앙스트블뤼테의 일종이다. 그렇다면 우리도 우리에게 닥친 위기를 통해 앙스트블뤼테를 이룰 수 있을까? 물론 쉽지는 않을 것이다. 하지만 앞서 확인한 흥행 감독들의 사례처럼 위기를 현명하게 극복하고, 위기를 통해 자신을 단단하게 단련시키며, 교훈을 얻는 학습의 기회로 삼을 수 있다면 불가능한 일도 아닐 것이다.

성공적인 성과를 창출해내기 위한 협업의 과정에서 우리는 늘 위기의 가능성을 열어두고 있어야 한다는 것을 흥행 감독들로부터 배울 수 있었다. 다시 강조하지만 가장 바람직한 위기관리는 위기를 미연에 방지하는 것이다. 최동훈 감독처럼 작은 실수라도 그때그때 바로잡고 넘어가는 게 현명한 위기 예방법이다. 두 번째는 피할 수 없거나 예상 가능한 위기가 닥쳤을 때는 그 위기에 대한 면역력을 기를 필요가 있다는 것이다. 그래야 더 단단하고도 대범하게 또 다른 위기에 대처할 수 있기 때문이다. 위기는 오히려 개인과 조직을 단련시키는 기회일 수도 있다. 마지막으로 윤제균 감독의 경우처럼 위기를 맞게 되면 학습의 기회로 삼으라는 것이다. 똑같은 위기 상황을 되풀이하지 않기 위해서이다. 누구에게나 위기는 찾아온다. 그러나 윤제균 감독의 말처럼 누구에게나 매직 아워는 반드시 다시 찾아온다.

Action!

개인 차원이든 조직 차원이든 위기를 맞이했을 때 현명하게 대처할

수 있어야 한다. 프로젝트 진행 과정에서 생긴 실수나 착오를 그때그

때 최대한 빨리 인정하고 대처 방안을 검토하고 구성원들 사이에서

공유할 수 있어야 더 큰 위기를 미연에 방지할 수 있다. 크고 작은 위

기들은 조직의 면역력을 높일 수 있는 계기가 될 수도 있다. 더 나아

가 적절한 위기관리와 위기 학습을 통해 같은 위기를 다시 맞이하지

않을 대비책을 강구할 수 있다.

천★만
관객의
비★밀

제3장

어떻게
공감을
이끌어낼
것인가

공감共感 : 타인의 사고思考나 감정을 자기의 내부로 옮겨 넣어
타인의 체험과 동질同質의 심리적 과정을 만드는 일.

— 두산백과

'타기팅 targeting'은
가치의 확산이다

01

고민이 많았어요. 회사에서도 "제목을 바꾸자. 30~40대도 충분히 공감할 수 있는 이야기인데 왜 굳이 제목으로 타깃을 한정 지어버리냐", 이런 얘기들이 나왔죠. 그런데 그들에게 맞추지 말고 내 생각대로 가자.

이병헌, 〈스물〉 감독

제작비 100억 원이 넘게 든다는 감이 오잖아요. 그러니까 인물 선정에서 소위 말하는 대중적인, 범위가 넓은 인물 구도, 크게 세 커플이 나오도록 선정을 할 수밖에 없었죠.

윤제균, 〈해운대〉〈국제시장〉 감독

천만 영화라는 건 천만 명이 봐야 하는 거잖아요. 그 정도 관객 수를 목표로 한다면 일부 소수에게만 어필할 수 있는 커뮤니케이션 메시지가 오히려 위험할 수 있어요.

이윤정, 영화마케팅사 '퍼스트룩' 대표

지금까지 우리는 흥행 감독들을 통해서 어떻게 창의적인 열정을 다듬고, 그것을 바탕으로 성공적인 성과를 뒷받침할 수 있는 협업의 과정을 어떻게 만들어낼 것인가에 대해 살펴보았다. 그렇다면 지금부터는 성과 창출의 마지막 단계, 그러니까 우리가 만들어낸 결과물을 통해 대중이나 고객, 즉 설득하고자 하는 대상에게 어떻게 어필할 것인가, 라는 문제로 넘어가 볼 차례다.

먼저 말하고 싶은 것은 영화에서나 다른 분야에서나 결국 성과는 '공감'에서 비롯된다는 것이다. 어떤 제품이나 서비스의 성공이 설득하고자 하는 대상, 즉 '고객에게 어떻게 어필하고 필요성을 공감하게 할 것인가'에 달린 것처럼 영화도 얼마나 많은 대중의 공감을 얻느냐가 곧 흥행이라는 성과로 연결된다. 대중의 공감을 이끌어내지 못한다면 영화는 흥행과 거리가 멀어질 수밖에 없다. 이른바 '천만 영화'라는 타이틀은 전 국민의 5분의 1이라는 광범위한 대중의 공감을 얻을 수 있었기에 가능했다.

공감을 얻는 데는 다양한 방식과 단계가 있다. 일단 어떤 이들에게 공감을 얻을 것인가, 즉 '타깃'을 설정하는 것부터 시작해야 한다. 그리고 내용물, 즉 어떤 콘텐츠로 공감을 이끌어낼 것인가도 중요하다. 마지막으로 우리가 가진 내용물을 어떤 시기에 어떤 방식으로 알릴 것이냐도 성과 창출에 상당히 큰 비중을 차지하는 요소다.

우선 이번 차례에서는 흥행 영화들의 사례를 통해 공감을 극대화할 수 있는 타기팅에 대해 살펴보자.

공감 대상을 세분화하라

1999년 개봉해 상당한 흥행을 기록한 영화 〈주유소 습격사건〉에는 많은 이들이 기억하는 명대사가 하나 나온다.

"난 한 놈만 패!"

타기팅이란 것이 바로 그렇다. 어떤 제품이나 서비스에 가장 큰 반응을 보일 만한 특정 고객층을 설정해 그들의 욕구를 최대한 만족시키는 방향으로 모든 전략을 집중하는 것이라고 설명할 수 있다.

예술영화나 작가주의영화가 아닌 이상 대부분의 대중영화는 반드시 타깃을 상정하고 만들어진다. 이른바 타기팅은 주로 연령대와 성별에 따라 메인 타깃과 서브 타깃으로 나눈다. 이를테면 '이 영화의 메인 타깃은 20대 여성, 서브 타깃은 30대 초반의 여성과 남성', 이런 식으로 말이다.

로맨틱 코미디나 멜로영화, 그러니까 사랑 영화들은 주로 20~30대 여성들을 타깃으로 삼는 경우가 많다. 이렇게 되면 실제로 흥행을 하더라도 200만 명에서 300만 명 정도를 목표 지점으로 잡게 된다. 공포영화의 경우에는 타깃이 특정 성별이나 연령대가 아니라 공포영화를 좋아하는 취향의 관객들인 게 상례다. 한국 공포영화 가운데 최고 흥행을 기록한 작품은 2003년에 개봉해 310만 명 관객을 동원한 〈장화홍련〉이다. 200만 명 정도를 모은 〈폰〉이나 〈여고괴담〉 같은 영화도 대박 흥행작에 속한다. 공포영화를 좋아하는 관객들은 대략 50만 명에서 150만 명 안팎 정도로 추산되기 때문이다. 대부분 공포영화가 그 정도 흥행을 목표로 비교적 저예산으로 만들어지는 것도 그 때문이다. 이렇게 미리 타깃이 정해져 있어야 예산이나 인력 같은 작업 과정의 규모와 내용의 방향성을 맞출 수가 있다.

어떤 성별의, 어떤 연령대의 관객들이 좋아할 것인지, 그러니까 기획 단계에서부터 명확한 타깃 설정이 필요한 건 당연한 이치이다. 타깃을 어정쩡하게 가지고 가는 것보다는 처음부터 확실하게 어떤 층을 공략하겠다는 목표 의식을 공유하고, 거기에 맞춰 짜임새 있는 협업을 이루어낼 수 있다면 흥행이라는 보상을 얻을 수 있다.

그런데 여기에서 주의해야 할 점이 있다. 타기팅이라는 데 집착한 나머지 스스로 타깃을 지나치게 기계적으로 설정하는 것이다. 20대 초반 여성을 메인 타깃으로 설정한 경우, 그래서 20대 초반 여성들의 트렌드만 열심히 연구하고 그렇게 영화를 만들면 어떻게 될까? 20대 초반 여성의 일부는 공감할 수 있을 것이다. 그러나 그 밖의 연령대나 남성들은 배제되어 버리는 것이다. 이렇게 아예 타깃을 알아서 좁혀버리면 거꾸로 타깃에서 벗어나 버리는 상황이 발생할 수도 있다.

2015년 봄 흥행에 성공한 영화 〈스물〉이란 작품은 제목만 보더라도 타깃을 분명히 하는 것 같다. 이 영화는 스무 살 시절을 막 통과하고 있거나 곧 스물이 될 관객들을 겨냥하는 것처럼 보인다. 이렇게 되면 지나치게 타깃이 협소해지는 거 아니냐는 걱정이 드는 것도 당연하다. 실제로 그런 우려가 많았다.

〈스물〉의 타기팅 전략

고민이 많았어요. 회사에서도 "제목을 바꾸자. 30~40대도 충분히 공감할 수 있는 이야기인데 왜 군이 제목으로 타깃을 한정 지어버리냐", 이런 얘기들이 나왔죠. 사실 초본은 20대를 다룬 이야기였어요. 스무 살부터 서른 살까지 20대에 꼭 해야 할 버킷리스트 같은 이야기로 초고를 썼다가 인물 세 명을 데리고 그 많은 20대의 고민을 다루기엔 너무 방대한 거예요. 무슨 대서사시도 아닌데. 시트콤으로 하면 몰라도 영화 두 시간 안에 다루긴 무리였고, 주제가 분산되는 느낌이랄까. 아무튼 별로 안 좋았어요. 그래서 스무 살에 집중을 해보자 싶었죠.

스무 살, 가장 시행착오도 많고 이제 막 성인이 되기 직전, 사실 법적으론 성인이 됐고 술집은 갈 수 있는데 술값은 없는 나이. 재미있는 나이 같더라고요. 시행착오를 겪어도 밉지 않은, 실수해도 밉지 않은, 진짜 어른으로 살아가기 이전의 1년간. 성인이 되기 전 1년간의 유예된 시간이랄까. 이렇게 설정하고 갔더니 재미있더라고요. 그들이 겪는 고민이랄지, 이런 것들도.

이병헌, 〈스물〉 감독

여기서 놓치지 말아야 할 부분이 있다. 그래서 〈스물〉이라는 영화는 정말 눈에 보이는 그대로, 지금 막 스무 살을 통과하고 있거나 스물 직전에 있는 관객층만을 타깃으로 삼았을까? 〈스물〉의 타기팅 전략에는 또 한 가지 중요한 포인트가 있다.

제가 시나리오 수정하면서 20대 친구들을 많이 만났어요. 스무 살 대학생들, 막 취업한 청년들, 핑곗김에 술도 같이 먹고 놀자고 만나서 인터뷰하고 그랬는데, 막상 만나 보니 그들의 정서는 제 경험 속의 스물보다 멀었어요. 약간 세다고 해야 하나? 구사하는 단어에 외계어들도 많이 있고, 스무 살에 사용하는 비속어라든지, 뭐 그런 게 너무 멀게 느껴지는 거예요. 저도 벌써 30대 중반이니까 '아! 멀어졌구나' 싶더라고요.

그래서 그냥 그들에게 맞추지 말고 내 정서대로 가자, 이건 30~40대 관객층들도 공감할 수 있는 이야기들로 생각했던 거죠. 그들이 그때를 추억할 수 있는 영화가 됐으면 좋겠다, 요즘 애들 신경 쓰지 말고 내 정서대로 가면 20대도 따라오고 30대도 따라올 것이다, 그렇게 생각했어요. 사실 모두가 겪어본 거 잖아요, 스무 살. 세대가 다를지언정 이제 성인으로 살아갈 그들의 고민도 사실 어떤 세대든 마찬가지로 겪었을 거 같다는 생각이 들었어요. 그리고 뭘 해도 귀여운 나이 같아요. '스물'이란 어감도 너무 좋았고.

이병헌, 〈스물〉 감독

영화 〈스물〉의 이병헌 감독은 서른 중반이다. 영화의 타깃인 스무 살에서 한참 멀리 와 있는 나이임은 어쩔 수 없다. 30대가 스무 살 시절을 말한다는 건 자칫 지금의 20대 정서와 어긋날 수도 있는 위험을 내포하고 있다. 하지만 〈스물〉은 오히려 그걸 영화의 장점으로 바꾸었다. 영화 안에 등장하는 인물들은 분명히 지금의 20대들이지만, 10년 전이든 20년 전이든 성인이 된 모든 이들은 그 시절을 통과해왔다. 그 공통적인 정서와 추억을 건드림으로써 더 폭넓은 세대의 관객층이 공감할 수 있는 영화가 만들어질 수 있었다. 영화 〈스물〉은 타깃의 세분화만큼이나 공감의 포인트도 중요하다는 것을 보여주는 사례다.

서브 타깃도 놓치지 마라

그렇다면 천만 이상의 관객들을 동원한, 그야말로 대박 흥행작의 경우에는 어떤 타깃을 상정했을까? 결과적으로 보면 타깃이 명확해 보이지 않는 게 사실이다. 왜냐하면 그 영화들은 남녀노소를 불문하고 거의 전 연령대가 좋아해야 하기 때문이다. 천만이라는 관객 동원 기록은 그래야 만들어질 수 있다.

게다가 천만 영화는 많은 예산이 투입된 대작인 경우가 많다. 지나치게 세분화된 타깃으로는 수지 타산이 맞지 않을 가능성이 커진다. 따라서 더욱 광범위한 타기팅 전략을 활용할 필요가 있다.

윤제균 감독이 연출한 〈해운대〉의 경우를 살펴보자. 이 영화는 인물 구도 자체가 다양한 연령대로 설정돼 있다. 설경구와 하지원의 로맨스는 20~30대 관객들에게 어필하는 드라마 요소이다. 구조대원으로 나오는 이민기와 삼수생으로 나오는 강예원의 로맨스가 등장한다. 대략 10대 여성 관객들을 염두에 둔 설정이다. 박중훈과 엄정화의 사연은 자녀를 둔 40대 이상의 관객들을 고려한 설정이다. 그리고 설경구의 완고한 삼촌으로 송재호가 등장한다. 그는 나중에 조카를 구하고 희생한다. 50대 이상의 장년층은 여기에서 감동을 얻게 된다.

영화 〈해운대〉는 이렇게 다양한 세대별로 공감할 수 있는 인물 구도와 드라마적인 요소를 절묘하게 배치했다. 그래서 영화 막판에 영화 속 인물들이 생사의 갈림길에 설 때 각각의 세대들이 자신과 비슷한 연령대의 인물들에게 감정을 이입할 수 있도록 한 것이다.

〈해운대〉의 타기팅 전략

최광희 〈해운대〉라는 영화가 천만 관객을 넘었는데, 사실 빅 프로젝트였잖아요. 처음부터 천만을 바라보고 제작 이 된 영화가 아니었나 싶은데, 관객들에게 어떻게 어필할 생각으로 기획을 하신 건가요?

윤제균 사실 〈해운대〉의 출발 자체는 미약했어요. 〈해운대〉 같은 작품을 하고 싶다고 생각한 건 오래전이었어요. 정확하게 기억이 나는 것이, 2004년 12월 26일에 동남아 쓰나미가 왔었어요. 저는 집이 해운대라 그 사건을 TV로 보면서 '한여름에 백만 인파가 모여 있는 해운대에 저런 일이 일어난다면 어떻게 될까?'라는 생각을 하니까 너무 소름이 돋으면서 대중적인 영화로, 재난 영화로 하면 재미있겠다, 흥미롭겠다, 한번 해볼 수 있겠다, 이런 생각이 들더라고요.

그렇게 마음만 가지고 있다가 2007년에 〈1번가의 기적〉을 하면서 이런 걸 해보면 어떻겠냐고 CJ 투자하시는 분께 이야기를 했는데 같이 한번 해보자 해서 시작했던 거였어요. 사실 예산이 이만큼 들지도 몰랐어요. 인물 배치를 하는데 언뜻 생각해보면 제작비 100억 원이 넘게 든다는 감이 오잖아요. 그러니까 인물 선정에서 소위 말하는 대중적인 선택을 한 것이죠. 범위가 넓은 인물 구도, 크게 세 커플이 나오도록 선정을 할 수밖에 없었던 거죠. 해운대에 쓰나미가 오는 영화를 해야겠다는 것은 정해져 있는데 방법은 두 가지였어요. 하나는 하고 싶은 대로 하든지, 아니면 대중이 좋아할 만한 입장에서 하든지. 그런데 이것은 예산이 크기 때문에 후자로 갈 수밖에 없었죠.

윤제균, 〈해운대〉 〈국제시장〉 감독

통계적으로 영화 시장에서 가장 큰 비중을 차지하고 있는 관객층은 20대와 30대이다. 〈해운대〉가 메인 타깃으로 삼은 연령대와 정확하게 겹친다. 그런데 2011년 이후 40대 관객의 비중도 꾸준히 늘고 있다. 40대를 서브 타깃으로 삼으면 이것만으로도 전체 시장의 90퍼센트에 육박하는 수치가 된다. 이 정도 관객층만 잘 공략해도 천만이라는 흥행 성과를 달성하는 데 어느 정도 근접할 수 있다. 〈해운대)는 이런 메인 타깃과 함께 10대, 50대 이상의 서브 타깃까지 끌어들일 수 있는 이야기 구도를 마련해 폭넓은 공감대를 형성하는 데 성공한 경우다. 물론 이런 성과를 위해서는 타깃층을 세분화했을 때보다 콘텐츠나 마케팅 포인트를 잡는 데 더 많은 공을 들여야 한다. 광범위한 타깃층을 두루 만족시킬 수 있는 영리한 공감의 전략이 필수적인 것이다.

가치를 확산하는 타기팅은 어떻게 하는가

타깃을 정하는 건 자신이 가지고 있는 콘텐츠나 자산의 가치를 정확하게 파악하는 데서부터 출발한다. 타기팅은 그 가치를 최대치로 확장할 수 있는 대상과 시기, 방법을 모색하는 것에서부터 출발할 때 더 큰 공감을 이끌어낼 수 있다.

한국에서 만들어진 애니메이션 가운데 사상 최초로 백만 관객을 돌파하고 역대 최고 흥행 성적을 낸 작품이 있다. 바로 220만 명의 관객을 모은 〈마당을 나온 암탉〉이라는 작품이다. 우리는 흔히 애니메이션 하면 어린이들이 메인 타깃이라고 생각한다. 〈마당을 나온 암탉〉은 더욱 그렇다. 원작이 초등학교 교과서에 실려 있을 정도이니까 말이다.

그런데 이 영화는 홍보 과정에서 타기팅의 역발상을 시도했다. 〈마당을 나온 암탉〉은 문소리가 목소리를 연기한 암탉이 청둥오리 새끼를 키우는 이야기다. 자기 자식이 아님에도 불구하고 그야말로 헌신적으로 새끼를 기르고 보호해준다. 바로 모성애의 위대함이 이 작품이 가진 주제 의식이자 가치였다.

따라서 영화사는 홍보 단계에서 의도적으로 어린이들보다 어머니들을 메인 타깃으로 정했다. 그래서 어머니들을 상대로 한 대규모 시사회를 진행했다. 결과는 대성공이었다. 자녀를 둔 어머니들이 작품에 감동했고 그들의 공감이 다른 어머니들에게 전파되면서 엄마와 아이들이 함께 보는 영화로 자리매김하게 된 것이다.

천만 영화의 경우 영화를 알리는 단계에서도 타기팅이란 게 존재한다. 중요한 건, 타깃을 상정하되 미리 상정된 타깃만을 공략하는 방식은 대규모의 공감을 이끌어내기 어렵다는 얘기다. 즉, 플러스알파를 만들어내는 타기팅, '확산'을 전제로 한 타기팅이 중요하다는 것이다. 여기에서도 물론 영화가 가진 가치가 어디에 있는지를 명확하게 파악하고 있는 건 필수 요건이다.

영화 마케팅 회사 퍼스트룩은 〈추격자〉, 〈완득이〉 등의 흥행작에 이어 〈도둑들〉, 〈광해, 왕이 된 남자〉, 〈변호인〉, 〈명량〉, 〈베테랑〉까지 무려 다섯 편의 천만 영화의 마케팅을 담당했다. 이 회사의 이윤정 대표는 타깃 마케팅과 영화의 가치 사이의 상관관계에 대해 의미심장한 사례를 들려준다.

이윤정이 생각하는 타기팅의 원칙

결국 천만 영화라는 건 천만 명이 봐야 하는 거잖아요. 우리나라 국민 중 5분의 1에 해당하는 관객이 이 영화를 선택해야 하는데, 그 정도 관객 수를 목표로 한다면 일부 소수에게만 어필할 수 있는 커뮤니케이션 메시지가 오히려 위험할 수 있어요. 20퍼센트는 좋아하지만 80퍼센트는 좋아하지 않는 방식을 선택하면 안 되죠. 결국 다양한 사람들이 이것을 보고 호감을 느낄 수 있을 만한 것들을 선택해야 합니다.

저희가 홍보한 〈검은 사제들〉의 경우 언론시사를 통해서 영화를 공개하기 이전까지는 어떤 자료나 어떤 곳에서도 저희 스스로 '악령'이라든가, 'B급 호러'라든가, '오컬트'라든가, '엑소시즘'이라든가, '귀신'이라든가, 이런 단이를 단 한 번도 쓴 적이 없어요. 물론 저희는 머리에 쥐가 나죠. 누군가는 회의할 때 컬트영화 혹은 B급 호러영화로 팔아야 하는 거 아니냐, 영화가 그러니까. 아주 일차원적으로 영화를 분석하자면 그런 의견이 강했는데, 저희는 죽어도 그렇게 팔면 안 되는 영화라고 생각했어요. 그러면 그냥 오컬트영화 혹은 엑소시즘영화를 좋아하는 소수의 사람에게만 어필할 위험이 있거든요.

그 시장을 분석한 데이터가 있어요. 그 시장이 한 백만 명 정도 될까요? 백만도 안 되는 사람들만을 위한 영화로 가기엔 이 영화가 가진 다른 대중적인 지점들이 있다고 봤거든요. 그런 지점들을 알리는 게 맞지 않을까 싶었어요. 괜한 선입견으로 관객들이 영화에 대해 알기도 전에 보기 싫게 만들거나, 개인적 취향이나 호불호에 따라 시작 단계부터 '난 저 영화는 보지 않을래'

하고 단정 짓게 하는 것이 마케팅에선 가장 해서는 안 될 중요한
일 중에 하나라고 생각하거든요.

이윤정, 영화마케팅사 '퍼스트룩' 대표

강동원과 김윤석이 주연했던 〈검은 사제들〉은 이른바 귀신 들
린 소녀와 그 소녀를 구하기 위해 나선 두 신부의 이야기를 담고 있
다. 내용으로 봐선 전형적인 엑소시즘영화다. 그러나 앞서도 설명한
것처럼 이런 류의 공포영화는 관객층이 그리 넓지 않다. 영화의 내용
에 초점을 맞춘 홍보 전략으로는 큰 흥행을 기대할 수 없었던 셈이다.
이런 판단에 따라 이 영화의 홍보는 오히려 영화가 가진 콘텐츠적 특
성을 희석하는 방향으로 진행됐다. 그리고 540만 명의 관객을 동원
하는 성과를 거뒀다.

퍼스트룩이 마케팅을 맡고 천만 영화에 등극한 두 작품 〈명량〉
과 〈광해, 왕이 된 남자〉도 이 독특한 홍보 전략으로 화제를 모았다.

〈명량〉, 〈광해, 왕이 된 남자〉의 홍보 전략

이윤정   저희가 〈광해, 왕이 된 남자〉와 〈명량〉을 홍보하면서
비슷한 방식을 한 번 썼는데, 어떻게 하면 우리 한국
역사에서 중요한 이야기와 그 비하인드 스토리를 가
지고 20대들에게 쉽고 재미있게 접근할 수 있을까,
고민을 했는데 '인터넷 강의'라는 아이디어를 떠올
린 거죠. 인터넷 강의를 통해서 이 영화가 가진 역사

적 가치와 의미에 대한 이야기를 풀어냈고, 그것들을 SNS와 유튜브 등 온라인을 통해 젊은 세대들이 먼저 봄으로 인해서 그 영화에 대한 호기심이나 궁금증이나 호감도를 좀 더 높일 수 있는 전략이었던 거죠. 지금은 많은 영화가 쓰는 방법지만 처음 시도한 게 저희 회사였거든요.

그런 것들을 재미있게 설명하면서 역사를 알게 되고, 그게 20대에 퍼지게 되면 30, 40대에게도 퍼지게 돼요. 왜냐면 40대나 50대가 교육적인 측면에서도 가치가 있구나, 가족들과 함께 봐야겠다, 내 아이들과 봐야겠다, 이런 생각을 하게 되고, 이게 또 50, 60대로 가게 되면 '아! 이순신 장군이라는, 우리가 소중하게 생각하는 인물의 리더십이 이토록 중요하다니' 하는 반응이 오는 것이죠. 제가 알기론 〈명량〉 개봉할 즈음에 한국의 많은 CEO 분들이 그 영상을 보시고 그 인터넷 강의에 참여한 강사를 초청해서 이순신 장군의 리더십에 대해 많은 직원들과 공유하려 하고, 학회에서 세미나도 하고, 이런 이슈가 사실 영화 흥행에 굉장한 영향을 미치게 된 것이거든요. 전국적으로 영화를 거의 보지 않던 사람들도 이런 새로운 리더십을 배우기 위해서 영화를 보는 이슈가 생긴 거니까요. 그런 식으로 타깃 별로 맞춘 홍보 방법들이 이슈가 되어서 유행하기 시작했고, 좀 더 넓게 퍼져가기도 했고요. 한 세대만 한정하는 게 아니라 이런 식으로 디테일하게 다양한 접근법을 쓰기도 하죠.

최광희 20대가 메인 타깃이 된 마케팅 기법이라 할 수 있겠는데, 이것이 확산된 케이스라 볼 수 있겠네요.

이윤정 그렇죠. 이런 경우는 20대에서 유행이 된 데서 끝난 게 아니라 20대의 호응이 점점 더 넓어지는 것이죠. 아무래도 입소문과 확산의 주도권은 20대가 갖고 있으니까. 그 20대가 확산시키는 걸 더 높은 연령의 타깃들도 받아들이는 것이죠. "이 영화가 이렇게 이슈라고 하는데 혹시 봤니? 너무 재미있더라", 이런 것들이죠. 그 기폭제가 되는 역할을 20대가 해주는 거고요.

이윤정, 영화마케팅사 '퍼스트룩' 대표

영화 시장에서 가장 큰 관객층은 20대이기 때문에 어떤 영화이든 20대를 메인 타깃으로 삼지 않기는 어렵다. 그런데 〈광해, 왕이 된 남자〉나 〈명량〉은 메인 타깃인 20대를 공략하는 것을 넘어 그들을 매개체로 삼아 공감의 범위를 확장해가는 전략을 활용했다. SNS 등을 적극적으로 활용하는 20대의 특성을 십분 활용해 입소문의 폭발력을 최대치로 끌어올린 것이다. 타기팅의 가치 확장이라는 측면에서 대단히 성공적인 사례라고 할 수 있다.

미국의 에버렛 로저스Everett Rogers라는 언론정보학자가 1960

년대에 이른바 '개혁 확산 이론Diffusion of Innovations Theory'이라는 걸 제시한 적이 있다. 개혁 확산 이론이란 최대한 간단하게 말해 새로운 아이디어가 처음에는 소수의 사람에 의해서 채택되었다가 어떤 변곡점을 만나게 되면서 급속도로 확산된다는 얘기다. 따라서 우리가 타기팅이라는 걸 할 때도 그 변곡점을 만들어낼 수 있는 대상이 누구냐를 따지는 게 아주 중요하다. 그래야 우리가 만들어낸 가치를 성공적인 성과로 보상받을 수 있을 것이다.

성과 창출의 첫 단계는 우리가 만들어낸 협업의 결과물을 통해 어떤 이들로부터 공감을 얻어낼 것인가를 정하는 것이다. 공감을 만들어내기 위해선 자신이 가진 자산의 가치를 명확하게 인식하는 것이 첫 단추라고 할 수 있다. 그리고 그 가치가 가장 먼저 도달해야 할 지점을 선정하고, 도달 지점으로부터 주변 영역으로까지 확산될 수 있는 방식을 고민해야 한다.

Action!

타기팅은 성과물에 대한 공감의 대상을 설정하는 것이다. 그러기 위해서는 자신이 가진 성과물이나 자산의 가치를 명확하게 파악하고 거기에 맞는 타깃과 홍보 방식을 세분화해 설정해야 한다. 그렇다고 주요 고객에게만 기계적으로 집중하는 타기팅이 아니라 다양한 서브 타깃으로 확산될 수 있는 여지를 충분히 고려하는 홍보 방식을 활용하는 게 효과적이다.

어디에나
틈새는 있다

"에이, 말도 안 돼. 젊은 애들이 무슨 이런 영화를 봅니까?" 하고 실제로도 믿지 않았어요. 예고편이 풀리기 시작하면서 제일 처음 20대들이 반응을 하고 100만 이상 조회 수를 기록하기 시작했어요.

진모영, 〈님아, 그 강을 건너지 마오〉 감독

한국 사람들은 일제강점기 시절에 관한 영화를 보지 않는다고는 하지만 '괜찮아. 우리에겐 너무너무 멋진 순간들이 있었어'라고 위로해주고 싶다는 생각이 들었어요.

최동훈, 〈암살〉 감독

분명히 한국영화가 맞붙어서 승부를 볼 수 있는 날짜는 있기 때문에 '정면 돌파해 봐도 괜찮지 않을까' 하는 생각도 가지고 있어요.

박은정, 영화투자배급사 'NEW' 배급팀장

혹시 '니치버스터Nichebuster라는 말을 들어보았나? 블록버스터라는 말은 많이 들어봤을 것이다. 원래는 한 블록을 날려버릴 정도의 초대형 폭탄을 뜻하지만 주로 대규모 제작비를 들여 만든 영화를 일컫는 말이다. 그렇다면 과연 니치버스터는 무슨 뜻일까? 니치Niche는 '틈새'라는 뜻이다. 그러니까 틈새를 노리고 만들어져 흥행에 성공하는 경우 또는 그런 콘텐츠를 말한다.

흔히 규모가 클수록 성공 가능성이 높다고들 한다. 어느 정도 맞는 말이다. 실제로 한국영화도 통계적으로 100억 원 이상의 제작비가 들어간 작품일수록 흥행 타율이 높은 게 사실이다. 하지만 망하면 손실이 그만큼 큰 것도 부인할 수 없다. 그래서 영화 산업을 'High Risk, High Return', 즉 '고위험 고수익' 사업이라고들 부른다. 규모가 클수록 성공 가능성이 높지만 그만큼 위험도도 같이 커진다는 말이다.

대개 영화 시장을 주류 시장과 비주류 시장으로 나눈다. 주류 시장이란 흔히 메이저 배급사들이 투자해서 만들어지고 꽤 많은 상영관을 확보해 상영되는, 나름의 규모를 갖춘 대중영화들이 소비되는 시장을 말한다. 비주류는 아주 작은 규모의 시장에서 소비되는 영화들을 일컫는 말이다. 예술영화나 독립영화들이 이 경우에 속한다.

그런데 간혹 이 비주류 시장에서 유통되고 소비되는 게 당연시되는 영화들, 그러니까 예산도 작고 스타 배우도 별로 나오지 않는 작품들이 엄청난 반향을 불러일으키면서 예상 밖의 흥행에 성공하는 경우가 있다. 어떤 경우엔 웬만한 주류 영화들보다 더 많은 관객들을 불러 모으는 작품도 있다.

할리우드영화 가운데 공포 영화 시리즈인 〈쏘우〉가 그런 경우에 해당한다고 할 수 있다. 2004년부터 매년 할로윈데이에 맞춰서 개봉했는데 스타 배우들은 전혀 나오지 않는 저예산 공포물이다. 1편의 제작비가 100만 달러니까 우리 돈으로 10억 원 남짓 들어간 셈이다. 할리우드에서 그 정도 예산이면 초저예산 영화라고 할 수 있다. 그런데 이 시리즈는 첫 다섯 편으로 6억7천만 달러, 우리 돈으로 7천억 원에 달하는 흥행 수입을 벌어들였다. 아무도 이 영화가 이토록 큰 흥행 성과를 낼 수 있을 거라고 예상하지 못했다. 하지만 시리즈는 그 예상을 보란 듯이 배신했다. 이런 시리즈야말로 앞서 언급한 니치버스터라고 할 수 있다. 그러니까 틈새를 제대로 공략한 셈이다.

역시 할리우드영화 가운데 〈트와일라잇〉 시리즈도 틈새시장을 정확히 겨냥해서 대성공을 거둔 사례로 꼽힌다. 지금이야 세계적인 스타들이 됐지만 이 시리즈가 시작되었을 때만 해도 출연진은 그리 얼굴이 알려지지 않은 무명에 가까운 배우들이었다. 그런데 뱀파이어 남자와 인간 소녀 간의 사랑에서 시작해 늑대인간이 끼어든 삼각관계라는 설정으로 발전하는 이야기는 전 세계 영화팬들을 열광시켰다. 특히나 여성 관객들의 절대적인 환영을 얻었다. 그래서 3천7백만 달러라는 비교적 중급 규모의 예산으로 제작된 1편이 미국에서만 1억9천만 달러, 전 세계적으로 3억9천만 달러, 그러니까 제작비의 무려 열 배가 넘는 흥행 수입을 벌어들였다.

이렇게 최근의 영화 시장에서 틈새를 노리는 니치버스터들이 인기를 끄는 사례들은 더욱 자주 발견되고 있다. 그 이유가 뭘까? 이른바 주류 콘텐츠가 균질적이고도 평균적인 취향을 가진 대중을 전제하는 것과 달리 니치버스터들은 그들이 굉장히 다양한 취향을 가지고 있고 능동적으로 자신의 취향에 맞는 콘텐츠를 찾아내는 존재로 보기 때문이다. 그리고 그들은 자신들의 커뮤니티를 통해 그 취향을 공유하고 확산시킨다. 이것이 니치버스터를 가능하게 만드는 새로운 소비자 환경이 되고 있는 것이다.

주류의 시선에서 벗어나라

지난 2014년 말에 극장가를 강타했던 흥행 돌풍의 주역 〈님아, 그 강을 건너지 마오〉가 500만 명 가까운 흥행을 할 것이라고는 아무도 예상하지 못했던 일이다. 그런데도 이 책의 제1장에서 언급했던 것처럼 '안 될 것'이라는 우려를 역발상의 힘으로 전환한 것이 결과적으로 흥행으로 이어진 경우라고 할 수 있다.

　인생 말년에 이르기까지 너무나 다정하고 금실 좋은 할아버지와 할머니의 이야기를 담은 〈님아, 그 강을 건너지 마오〉. 이 영화를 어떤 연령대의 관객들이 가장 많이 보았을 거라 생각하는가? 나는 이 영화가 개봉했을 때 '아마도 50, 60대 장년층이나 노인 분들이 많이 보시겠지'라고 생각했다. 그런데 정작 진모영 감독은 조금 더 낮춰 잡았다. 감독은 40대에서 50대 여성들이 주로 이 영화를 찾을 것으로 예상했다고 한다. 시골에 늙으신 부모님들이 있는 사람들, 그리고 결혼 생활이 어느 정도 되어서 부부 관계가 살짝 시들해진 사람들, 그런 이들이 이 영화에 공감해줄 것이라고 예상했던 것이다. 수긍이 가는 말이다.

그런데 개봉 직전에 깜짝 놀랄 만한 일이 생겼다. 무작위로 추출된 관객들에게 영화를 보여줬는데 예상을 거스르는 조사 결과가 나왔기 때문이다. 중장년층 또는 노년층이 이 영화를 선호할 거라는 모두의 예상을 깨고 오히려 20대 젊은이들이 훨씬 더 영화에 공감했다고 한다. 진모영 감독 자신도 깜짝 놀랐음은 물론이다.

진모영도 몰랐던 틈새

CGV 고객층 가운데 영화를 자주 보는 관객을 대상으로 블라인드 테스트(관객에게 영화의 제목과 내용 등을 미리 알려주지 않은 상태에서 하는 시사 방식)를 하는데, 페이퍼를 영화 보기 전에 한 십여 장 작성하고 영화 보고 나면 다시 열댓 장 작성해요. 그렇게 평점이 나오더라고요. "관객 평점이 몇이고 관객 추천도는 몇입니다. 그런데 평점은 '아주 재미있다'고 나왔고, 정말 추천도가 높습니다. 영화 보고 다른 사람들한테 '이 영화 좋다고 말할 수 있다'는 점수가 높아서 상당히 고무적입니다. 그런데 영화의 메인 타깃은 20대 여성 같습니다" 하더군요. 그래서 제가 "에이, 말도 안 돼! 젊은 애들이 무슨 이런 영화를 봅니까?" 하고 실제로도 믿지 않았어요. 시스템적으로도 아닐 거라고 짐작했죠.

그런데 예고편이 풀리기 시작하면서 제일 처음 20대들이 반응을 하고 100만 이상의 조회 수를 기록하기 시작했어요. 페이스북 댓글에 '이 영화 보자, 이 영화 괜찮아 보여'라고 태그를 다는 현상도 봤고요. 젊은 사람들이 이것에 반응하기 시작하는구나, 그때 알았어요.

　　그러고 나서 극장에 무대 인사를 드리러 갔는데 젊은 분들이 많이 왔더라고요. 시간이 지날수록 가족 형태로 보러 오고, 시험 끝난 중학생까지 올 때 놀랐죠. '뭘 보자고 우리 영화에 온 거지?' 싶었는데, 눈물로 엉망이 되어서 집에 가더라고요. 그제야 '아! 많은 사람들에게 어필하고 있구나' 실감했어요. 이 영화가 20대들의 반응을 얻은 것에 대해서는 제가 어떤 설명도 하기 힘들었어요. 20대의 마음을 알 수 없었으니까. 그런데 어떤 NGO에 십여 년 다닌 연구원이 영화 개봉해서 진행하는 중간에 같이 식사하는데 그 얘길 하더라고요. "우리 세대가요, 젊잖아요. 그런데 연애하기 너무 힘들어요. 만난 지 며칠 지나면 숫자 세고 지겹다며 밀당하고 금방 헤어지고 하는데, 우리도 진짜 사랑 해보고 싶다. 간절하다. 그런데 실제로 하더라, 영화에서 보니까. 그런데 그게 할아버지, 할머니가 하는 걸로 보이지 않았어요. 우리도 저런 사랑을 해보고 싶다는 것에 대한 갈증이 생기고 흔들리더라. 그래서 20대가 반응한 것이다." 그런 얘기를 해주었어요.

　　진모영, 〈님아, 그 강을 건너지 마오〉 감독

이런 경우는 영화의 제작진도 미처 예상하지 못했던 틈새인 셈이다. 이런 상황을 통해 우리가 확인할 수 있는 건 사람들이 대략 이럴 것이라고 짐작하는 대로만 시장이 움직이지 않는다는 것이다. 그러니까 이른바 주류적인 트렌드와 대세에만 편승하지 않는다는 것이다. 이 시대의 대중은 주류에 의해 포획당하는 존재가 아니라 스스로의 욕망과 취향을 중요시하는 가운데 자신에게 맞는 정보를 적극적으로 취득하고 소비하는 경향성으로 급속하게 전환되고 있다. 바로 그런 움직임을 찾아내는 것, 그게 바로 틈새이고 그걸 공략할 때 니치버스터가 가능해지는 것이다.

실 패 한   시 장 도   다 시   보 라

얼마 전까지만 해도 한국영화계에는 일종의 징크스 같은 게 있었다. 일제강점기를 배경으로 한 영화는 반드시 망한다는 것이었다. 실제로 그랬다. 강제규 감독의 〈마이웨이〉가 대표적인 예다. 일제강점기 마라톤 선수였던 장동건이 어쩌다 보니 제2차 세계대전의 소용돌이 속으로 휘말려 들어간다는 이야기였다. 300억 원이 넘는 제작비를 들여 만들었지만 흥행에서 처참한 성적을 내고 말았다.

일제강점기를 배경으로 한 영화들 가운데 박해일과 김혜수가 함께 나온 〈모던 보이〉라는 영화도 관객들의 호응을 얻는 데 실패했다. 조선총독부에서 일하던 친일파 젊은이 박해일이 독립투사인 김혜수를 만나면서 변화되는 과정을 담았던 영화였지만 흥행 성적은 신통치가 않았다. 이해영 감독이 연출하고 박보영이 주연으로 나왔던 〈경성학교: 사라진 소녀들〉이라는 작품도 역시 일제강점기 배경의 스릴러 영화였다. 35만 명을 동원하는 데 그치고 말았다.

이런 사례들에서 확인하다시피 유난히 일제강점기를 배경으로 한 한국영화들은 흥행과 거리가 멀었다. 사정이 이렇다 보니 한국 영화계에서는 웬만하면 일제강점기 배경의 영화는 만들지 않는 게 좋다는 일종의 불문율이 생길 정도였다.

그런데 징크스란 깨지라고 있는 법이다. 그 징크스를 단박에 깨뜨린 주인공이 바로 영화 〈암살〉을 연출한 최동훈 감독이었다. 최동훈 감독이야 워낙 흥행제조기라는 별명을 달고 다닐 정도로 만들기만 하면 흥행에 성공시키는 감독이니 그가 도전한다고 하면 까짓 일제강점기 영화의 징크스 정도는 가볍게 깨질 거라고 모두 기대했을까? 그렇지 않았다. 그 역시 반대에 휩싸여야 했다. 우려가 많았다. 하지만 최동훈 감독은 바로 거기에서 틈새를 발견했다.

영화 〈암살〉을 계획할 당시의 상황

최광희 최동훈이라는 흥행술사가 만들겠다는데 주변에서 왜 굳이 반대를 했죠?

최동훈 한국 사람들은 일제강점기 시절에 관한 영화를 보지 않는다, 그러니까 그 어떤 우울한 세계를 그냥 이렇게 덮어버리고 싶지 그걸 까서 보여주는 걸 무의식적으로 싫어할 것이다. 그런 이유 때문이었어요. 그리고 경험적으로 그 당시를 다룬 영화들이 흥행이 잘 안되기도 했고요.

최광희 일제강점기를 배경으로 한 영화가 실제로 대부분 실패를 했습니다. 한국 사람들이 가지고 있는 역사적 부채감 때문일까요?

최동훈 네, 맞습니다. 하신 말씀처럼 어떤 역사적인 부채감이 있는 건 사실이죠. 근데 저는 영화라는 게 정보를 줘야 하기도 하지만, 어떻게 보면 위안도 줘야 한다고 생각해요. 실제로는 친일파를 단죄하지 못했고, 매듭이 한 번 꼬인 상태로 이게 풀어지지 않고 계속 있지만 서사, 영화를 통해 그것을 싹 쓰다듬으면서 '괜찮아, 우리에겐 너무너무 멋진 순간들이 있었어'라고 위로해주고 싶다는 생각이 들었어요.

그 이전의 영화들에게서는 잘 느끼지 못했던 건데 〈암살〉 편집을 하면서 저는 계속 주인공들이 하나씩 죽어간다는 걸 아니까 오! 그럴 때마다 약간 가슴이 뜨거워지는 거예요. '아! 이러면 안 된다. 나는 쿨함의 대명사였는데!' 제가 그렇게 조금씩 변해가고 있었고, 아마 관객들도 그렇게 느꼈을 것 같아요. 김원봉이라고 하는 사람, 잊혀진, 사람들이 잘 기억하지 못하는 사람을 기억해준 것도 너무 고마웠지만, 이후로 그 시대에 대한 영화들이 나왔을 때 관객들의 촉이 조금 더 발전해 있을 것 같아서 즐거워요.

최동훈, 〈도둑들〉 〈암살〉 감독

알다시피 2016년 봄에도 아무도 예상하지 못한 돌풍이 있었다. 역시 일제강점기, 일본군 위안부 피해자들의 실화를 바탕으로 만들어진 영화 〈귀향〉이 엄청난 흥행 성적을 낸 것이다. 스타 배우들이 나오지 않았고 심지어 크라우드펀딩으로 7만5천여 명의 관객들로부터 제작비를 모아 25억 원의 저예산으로 만들어졌음에도 구름떼처럼 많은 관객들이 영화 〈귀향〉을 보러 몰려들었다. 한 번 징크스가 깨지니 한때의 불문율은 더 이상 불문율이 아닌 게 되어버린 것이다.

대세의 옆자리를 공략하라

보통 엄청난 기대작이 개봉하게 되면 대체로 다른 영화들은 그 영화를 피해 가는 게 상례다. 괜히 같이 붙었다가는 큰 손해를 입을 게 뻔하다고 보기 때문이다. 하지만 반드시 그렇지만도 않다. 오히려 정면 돌파를 하는 것이 현명한 틈새 전략이 될 수 있다. 대세인 영화 때문에 극장가에 일단 관객 수가 많아질 것이고, 그 대세인 영화를 보러 왔던 관객들에게 오히려 차선의 선택이 될 여지가 크기 때문이다. 이른바 낙수 효과를 노리는 것이다.

예를 들어 2009년 말에 발표된 최동훈 감독의 영화 〈전우치〉의 개봉일은 세계 최고 흥행작에 등극한 할리우드영화 〈아바타〉가 개봉한 바로 한 주 뒤였다. 〈아바타〉는 외국영화로는 사상 처음으로 한국에서 천만 관객을 돌파하며 승승장구했다. 그렇다면 〈전우치〉는 하필 〈아바타〉와 함께 개봉하는 바람에 손해가 막심했을까? 전혀 그렇지 않다. 〈전우치〉는 꾸준히 박스오피스 2위를 지키면서 600만 명의 관객을 동원했다. 이런 걸 '2등 전략'이라고 한다. 굳이 1위 자리를 노리지 않아도 실익은 챙긴 셈이다.

앞서 윤제균 감독의 데뷔작 〈두사부일체〉도 〈해리포터〉와 〈반지의 제왕〉 등 강력한 할리우드 판타지영화들과 정면 승부를 펼쳤다. 역시 한 번도 1위를 차지하지 못했지만 당시로선 무시할 수 없는 흥행 성적인 300만 명 이상의 관객 동원에 성공했다. 이듬해 내놓은 〈색즉시공〉 역시 철저하게 2등 전략을 구사하면서 420만 명의 관객을 끌어들였다.

영화의 배급 전략이라는 측면에서 대개 틈새라고 한다면 대형 기대작들이 별로 없는 시즌, 이른바 흥행 비수기를 노리는 걸로 이해할 때가 많다. 그런데 오히려 성수기 시즌의 정면 돌파 전략도 큰 힘을 발휘할 때가 있다. 주류를 피해 가는 게 아니라 주류의 옆자리에 서는 것도 돋보이는 방법이 될 수 있는 것이다.

2011년 초여름 〈트랜스포머 3〉가 개봉했을 때 거의 비슷한 시기에 개봉해 의미 있는 흥행을 기록한 〈풍산개〉의 경우도 같은 맥락이다. 불과 제작비 2억 원에 불과했던 영화 〈풍산개〉는 당시 손익분기점을 두 배 이상 넘기는 71만 명의 관객을 불러 모았다. 제작비 규모로 치면 사실상 비주류 독립영화로 분류해도 무방했지만 과감하게 주류 영화와 함께 붙인 것이 오히려 긍정적인 효과를 낸 경우라고 할 수 있다.

〈트랜스포머 3〉와 정면 승부한 〈풍산개〉

박은정　흔히 할리우드 직배사 영화라고 하죠. 직배사 영화들은 대부분의 라인업이 한국 영화보다 빨리 짜여 있는 상황이다 보니까 저희가 그들 개봉일을 고려해서 나올 수 있는 경우가 많아요. 미리 예의 주시하고 있다가 그들 영화가 개봉하는 시기에는 배급 일정을 좀 피하거나, 아니면 정말 같이 붙이더라도 이 영화와 우리가 경쟁이 될 수 있는 부분이 무엇인지 파악하고 개봉일을 정하는 케이스들이 많죠. 〈풍산개〉라는 영화가 당시에 〈트랜스포머 3〉랑 붙었는데 아무도 기대를 안 했던 작품이었거든요. 그런데 예상치 못한 흥행 스코어를 내서 굉장히 좋은 사례로 보고 있습니다.

최광희　관객들이 대부분 〈트랜스포머 3〉로 몰려가겠지만, 〈풍산개〉라는 영화를 보는 관객이 많지는 않더라도 의미 있는 숫자가 될 것이라는 판단을 한 거겠죠?

박은정　네, 그 당시는 다른 배급사들이 특별히 틈새시장이란 걸 고려하지 않았던 것 같아요. 그런데 어떻게 보면 저희가 새로운 시장을 열었다는 점에서 나름 자부심을 느끼고 있고, 그 이후에 이런 케이스들이 다른 배급사 쪽에서 좀 많이 있었던 것 같아요. 저희가 개봉 일정을 정할 수 없을 정도로 할리우드영화의 물량 공세가 심하게 들어올 것을 예상하지만, 그럼에도 분명히 한국영화가 맞붙어서 승부를 볼 수 있는 날짜는 있기 때문에 '정면 돌파해 봐도 괜찮지 않을까' 하는 생각도 가지고 있어요.

박은정, 영화투자배급사 'NEW' 배급팀장

성공적인 성과를 창출해내는 데는 단 한 가지 방법만 있는 게 아니다. 물론 우리가 주류 또는 대세라고 부르는 방식을 채택하는 게 가장 안정적일지도 모른다. 하지만 가장 안정적인 곳에는 누구나 다 몰리게 돼 있다. 틈새를 찾는 것은 그래서 중요하다. 틈새가 의미 있는 것은 사람들이 변하기 때문이고 트렌드가 바뀌기 때문이다. 사람들의 소비 패턴이 세분화되고 다양해지는 변화와 무관하지 않다. 그래서 모든 사람이 다 실패했다고 말하면서 떠난 불모지가 오히려 새싹을 틔울 수 있는 옥토가 될 수 있다. 모두가 위험하다고 말하는 곳이 황금의 땅이 될 수도 있는 것이다.

따지고 보면 틈새란 그리 멀지 않은 곳에 있다. 시야를 넓히고 발상을 전환하면 더 많이 보일 것이다. 틈새는 어디에나 있다.

틈새시장이 중요하게 부상한 것은 소비자의 니즈Needs가 갈수록 세

분화되고 있는 트렌드와 무관하지 않다. 최근의 소비자들은 자신의

취향에 맞는 상품과 콘텐츠를 적극적이고도 능동적으로 발굴하고 소

비하는 경향성을 보이고 있다. 이런 흐름에 맞춰 주류적 프레임에서

과감히 벗어나 틈새를 찾아내 적극적으로 공략한다면 더욱 큰 성과

를 만들어낼 수 있다. 실패 가능성이 높다고 여겨지는 곳에 오히려 틈

새가 존재할 수 있음을 명심하라!

차 이 가
공 감 을 만 든 다

03

〈내부자들〉이 범죄 누아르 영화 같지만 사실 그 베이스는 상
당히 리얼한 거죠. 뉴스에서 많이 다뤘던 주제들이 영화에
나오니까 그런 설득력이 있지 않았을까요?

우민호, 〈내부자들〉 감독

왜 그 장르의 영화가 계속 만들어지나 생각해보면 근본적으
로 사람들이 그렇게 조작된 이야기를 즐긴다는 게 증명이 되
었기 때문이죠. 그래서 저는 익숙한 것이 굉장히 중요하다고
생각해요. **최동훈,** 〈도둑들〉〈암살〉 감독

너무 신선하게 해버리면 오타쿠처럼 되어버리거든요. 그들
만의 영역이 되어버리는 거죠. 근데 너무 익숙하게 해버리면
또 진부해져요. 그 진부한 것과 참신한 것 사이에서 사실 저
희가 엄청 고민하거든요.

원동연, 영화제작사 '리얼라이즈픽쳐스' 대표

영화의 흥행이란 기본적으로 '대중 설득'이다. '우리 영화 재미있습니다. 보러 오세요'라는 얘기를 흥미로운 방식으로 건네 대중이 실제로 그 영화를 보러 오게끔 설득하는 것이다. 만약 많은 대중이 그 설득 방식에 공감하게 되면 흥행으로 이어지게 돼 있다.

그렇다고 홍보나 마케팅이 곧 설득의 전부라는 말은 아니다. 여기저기 언론에 노출되고, 온갖 군데 포스터를 붙이고, 포털 사이트에 광고하는 등 대규모로 거창한 홍보를 하는 것만이 관객들을 설득할 수 있는 것은 아니라는 얘기다. 그렇게 해서 당장은 관객들이 영화에 대한 궁금증을 갖게 만들 수는 있을 것이다. 그래서 개봉 초반에는 어느 정도의 관객들을 불러 모을 수 있다. 하지만 정작 영화 자체가 관객을 만족시키지 못한다면 그 영화는 설득에 실패한 셈이다. "기대는 잔뜩 했는데 막상 영화 보니까 완전 실망이야. 시간 낭비했네.", 이런 반응이 나오면 안 된다는 것이다.

그렇다면 어떻게 대중을 설득해야 흥행이라는 성과를 만들어낼 수 있을까? 대중이 공감할 수 있는 설득의 방식은 무엇일까? 많은 영화가 이 질문에 대한 시사점을 우리에게 던져주고 있다.

일단 기획 단계에서부터 설득의 요소들을 갖추고 있어야 한다. 그리고 가장 중요한 것은 영화의 내용(콘텐츠)으로 관객들을 설득해야 한다는 것이다. 그렇게 되면 초반 관객들이 입소문을 만들어내고, 그것이 여러 경로를 통해 전파되면서 긍정적인 방향으로 확산된다. 관객들이 계속 몰려드는 것이다. 대부분의 흥행 영화들은 바로 그렇게, 대중 설득에 성공한 영화들이다.

그렇다면 공감을 이끌어낼 수 있는 설득의 요소들은 어떤 것들이 있을까? 거기에는 크게 세 가지 요소가 있다. 지금부터 그 세 가지 요소들을 본격적으로 살펴보도록 하겠다.

대 중 의   상 태 를   이 해 하 라

공감을 이끌어내는 설득의 첫 번째 전제는 바로 '이해'다. 설득 대상의 상태를 이해하고 있어야 한다는 얘기다.

이런 예를 들어보자. 길을 걷다가 마음에 드는 여성을 발견했다. 그런데 그 여성은 아주 바쁘게 길을 걷고 있다. 중요한 약속에 늦어 조바심이 난 상태다. 이럴 때 "차 한잔해요"라고 말을 걸어본들 먹힐 가능성은 제로에 가깝다. 설득하고자 하는 대상의 상태를 이해하고 있는 것이 중요하다는 얘기다.

영화도 마찬가지이다. 영화는 기본적으로 대중을 상대로 한다. 대중을 설득하려면 그들이 어떤 상태에 놓여 있는지, 다시 말해 감정 상태나 욕구가 어떤지를 이해하고 있어야 한다. 몇 편의 영화를 예로 들어보자.

지난 2013년 여름에 개봉해 흥행에 성공한 〈더 테러 라이브〉라는 작품은 결과적으로 대중 설득에 성공한 셈이다. 이 영화는 어떻게 대중의 상태를 이해하고 있었던 걸까? 영화의 설정이 그걸 말해준다. 방송국에 테러범의 전화가 걸려온다. 테러범은 지금 즉시 자신과의 통화 내용을 생중계하지 않으면 마포대교를 폭파하겠다고 협박한다. 그리고 전화를 받은 뉴스 앵커 하정우는 이것이 엄청난 특종임을 직감한다. 그래서 테러범과의 통화가 생방송 되는 사상 초유의 상황이 벌어지게 된다.

사실 영화의 설정은 황당무계하다. 하지만 그 황당무계함이 많은 관객들에게 어필한 건 분명 대중이 이 영화에 공감하는 지점이 있었기 때문이다. 그게 과연 뭘까? 테러범과의 통화도 시청률을 위해서라면 내보낼 수 있다. 즉, 방송의 선정성에 대한 대중의 불만이 잠재돼 있다는 걸 영화가 이해하고 있었기 때문이다.

그렇다면 우민호 감독의 〈내부자들〉의 경우 무엇을 이해하고 있었을까? 각본과 연출을 모두 담당한 우민호 감독의 얘기를 들어보자.

〈내부자들〉이 '이해'한 대중

11월 비수기에 개봉했는데 첫날 관객이 23만 명 들어왔으니까 어마어마한 스코어가 들어온 거예요, 사실은. 일단 관심이 이 작품에 많았다는 거잖아요. 〈내부자들〉이라는 영화가 담고 있는 이야기에 관객들이 관심이 많았다는 얘기죠. 뉴스에서 많이 다뤘던 주제들이 영화에 나오니까 그런 설득력이 있지 않았을까요? 리얼리티가 있었던 거죠. 그리고 윤태호 작가의 웹툰 원작 자체가 그렇게 뉴스를 바탕으로 해서 던져주는 것들이 있었어요. 그런 것들이 뭔가 되게 범죄 누아르 영화 같지만 사실 그

베이스는 상당히 리얼한 거죠.

우민호, 〈내부자들〉 감독

이 영화는 정치깡패 안상구와 족보 없는 열혈검사 우장훈이 정치, 언론, 대기업이라는 삼각 카르텔의 부조리에 맞서는 것을 주요 내용으로 한다. 그런데 영화 개봉 당시 이 영화가 드러내는 한국 사회의 부조리가 지나치게 극단적이라는 비판도 있었다. 하지만 정작 관객들은 이 영화가 마치 실제처럼 리얼하게 느껴진다는 반응을 보였다. 현실에서 있었던 사건들을 연상시키는 이야기에 공감하고 감정이입을 한 셈이다. 이른바 사회 권력층의 행태와 현실 사회에 대한 대중의 결핍감과 분노를 이해한 것이 〈내부자들〉 흥행의 중요한 이유였다.

그렇다면 반대로 이해에 실패한 영화의 사례를 살펴보자. 2013년 여름에 개봉한 〈미스터 고〉라는 영화가 있었는데 흥행에 참패했다. 나름 기술적으로 완성도가 뛰어난 3D 영화에다 한국영화 최초로 퍼포먼스 캡처 방식의 디지털 캐릭터가 등장한다. 바로 '야구하는 고릴라'이다. 그럼에도 흥행 성적은 처참했다. 왜 그랬을까?

문제는 이 영화의 차별화 포인트에 있었다. 바로 고릴라가 야구를 한다는 것이었다. 제작진은 이게 상당히 참신해 보일 거라고 생각했던 게 틀림없다. 그러나 현실은 정반대였다. 야구는 사람이 하는 것이다. 대중은 사람이 하는 야구에 흥미를 갖고 감동한다. 그런데 야구하는 고릴라라? 보고 싶어 하는 이들이 얼마나 많을까? 바로 그런 맥락에서 이 영화는 참신함과 첨단 디지털 시각효과에 힘입은 볼거리를 만드는 데 치중한 나머지 대중이 뭘 보고 싶어 하는지 그들의 상태를 이해하는 데 실패했다고 볼 수 있다.

결국 이해는 설득의 주체인 나와 설득의 대상 사이의 간격을 줄이는 것이다. 그것은 더 우월한 위치에 있는 내게로 사람들을 끌어오는 차원이 아니다. 말하자면 설득 대상과 눈높이를 맞추는 것이다. 같은 사회, 같은 시대를 살아가는 동료 의식을 함께한다는 얘기일 수도 있다. 사실 대부분의 흥행 영화들은 저 높은 곳에 있는 무엇인가를 설득시킬 생각을 아예 하지 않는다. 영화는 대중을 가르치거나 교육하는 교과서가 아니기 때문이다.

영화는 지식이 아니라 정서를 전달하는 매체다. 그 정서를 제대로 전달하기 위해선 당연히 대중이 품고 있는 정서를 공유하고 있어야 할 것이다. 더 많은 관객들의 공감을 이끌어내고자 하는 영화일수록 대중의 상태에 대해 창작자 스스로 먼저 자신의 경험을 통해 공감하고 있어야 한다. 그것이 바로 설득을 위한 이해의 단계이다.

사람들은 익숙한 것에 호감을 느낀다

대중이 무엇을 보고 싶어 하고 어떤 열망이나 결핍감을 가졌는지를 이해하는 것은 설득의 선결 조건이다. 그 이해를 전제로 이제 대중에게 말을 걸어야 한다. 어떤 방식으로 말을 걸어야 할까? 아무리 그들의 상태를 잘 이해하고 있다 할지라도 전혀 알아들을 수 없는 말을 떠

벌리면 설득이 되지 않는다. 예를 들어 여러분이 비영어권 나라에 갔는데 시장에 가서 무언가를 사야 한다. 그런데 값을 깎아야 한다. 그런데서 여러분이 아무리 영어를 잘해 봤자 소용이 없을 것이다. 즉, 설득의 대상이 되는 사람에게 익숙한 언어를 써야 한다는 것이다. 초등학생에게 대학교 수준의 어휘를 남발하면 말이 통하지 않는 것과 같은 이치다. 이해의 다음 단계는 바로 '공유'이기 때문이다. 대중에게 익숙한 형식이나 상황, 배경지식을 공유하고 있어야 상대를 설득하는 데 더욱 유리하다는 것이다.

영화에서 그 익숙함이란 우선 형식적인 틀, 즉 '장르'라고 할 수 있다. "이 영화는 공포영화입니다" 하면 사람들은 자연스럽게 무서운 내용을 기대한다. "이 영화는 코미디입니다" 하면 당연히 '날 웃겨주겠지?'라는 예상을 하게 된다. "액션입니다" 하면 시원한 볼거리를 기대하게 된다. 그렇게 장르라는 건 창작자와 관객들이 서로 공유하고 있는 일종의 약속인 셈이다. 장르는 그 약속이 오랜 시간을 거치면서 굳어진, 영화를 만드는 사람과 영화를 보는 사람들 간의 공유된 틀인 것이다.

이를테면 영화 〈도가니〉는 한 청각장애인학교에서 벌어진 반인권적인 상황을 소재로 삼고 있다. 흥행에 성공했을 뿐 아니라 사회적으로도 상당한 신드롬을 불러일으켰다. 이 영화의 출발은 사회 정의에 대해 대중들이 가진 결핍감을 이해하는 것이라고 볼 수 있을 것이다. 그런데 영화의 틀은 스릴러 형식을 띠고 있다. 관객이 익숙하게 느끼는 장르를 공유함으로써 대중성을 확보하고자 한 것이다.

그런가 하면 최동훈 감독의 영화 〈암살〉은 친일파에 대한 응징이라는, 어떻게 보면 상당히 무거울 것 같은 주제를 품고 있다. 하지만 영화의 호흡은 상당히 경쾌하고 액션 활극적인 쾌감을 극대화하고 있다. 이것은 자칫 영화가 지나치게 무겁게 느껴질 수 있는 위험을 상쇄시키면서 대중에게 익숙한 화법으로 영화의 주제 의식을 실어 나르려는 의도인 셈이다.

> 장르영화라고 하잖아요. 그 말은 이미 만들었던 걸 또 만들고 있다는 얘기란 말이에요. 그런데 왜 장르영화가 계속 만들어지나 생각해보면 근본적으로 사람들이 그렇게 조작된 이야기를 즐긴다는 게 증명이 되었기 때문이죠. 그래서 저는 익숙한 것이 굉장히 중요하다고 생각해요.
>
> **최동훈**, 〈도둑들〉 〈암살〉 감독

미국의 저명한 심리학자 로버트 치알디니 교수는 설득의 여섯 가지 법칙을 제시한 바 있다. 그중 한 가지가 '사람들은 익숙한 것에 호감을 느낀다'는 것이다. 영화의 장르가 관객들에게 익숙한 형식적인 틀이라면 영화가 배경으로 삼는 공간도 익숙한 것일수록 유리하게 작용한다. 즉, 한국이라는 공간을 관객들은 공유하고 있기 때문에 영화가 배경으로 삼는 공간 역시 지나치게 낯선 곳이거나 초월적이 되어버리면 공감을 얻기가 쉽지 않다는 얘기다.

앞서 언급한 〈더 테러 라이브〉라는 영화는 마포대교라는 익숙한 공간을 중요한 모티브로 삼고 있다. 미국의 금문교도 아니고 바로 대한민국 서울의 마포대교가 폭파되는 장면은 비록 영화이긴 하지만 관객들의 정서를 뒤흔드는 힘을 갖게 되는 것이다. 봉준호 감독의 〈괴물〉은 어떤가. 괴수가 나오는데 바로 서울의 한강에서 출몰한다. 그렇게 영화적인 상상력이 우리에게 친근한 일상의 공간에서 펼쳐질 때 관객들은 더욱 침을 꼴깍 삼키면서 몰입하게 되는 것이다.

그런 면에서 윤제균 감독의 천만 영화 두 편이 우리에게 비교적 낯익은 공간인 부산을 주 무대로 삼았다는 것은 시사하는 바가 크다.

국제시장으로 대표되는 부산 남포동이 서울로 따지면 명동이 잖아요. 그러니까 공간도 사람의 인생과 비슷하다고 생각해요. 한때는 명동이 서울 최고의 번화가였는데 어느 순간부터 강남역, 청담동, 가로수길, 이렇게 변했잖아요. 최고의 번화가나 랜드마크 같은 공간이 청담동, 떠오르는 부촌富村, 이런 곳에 뺏기는 느낌이잖아요. 공간으로 따지면 국제시장이 딱 그래요. 부산에서 한때 최고의 번화가가 국제시장을 대표로 한 남포동이었는데 해운대에 밀려버렸어요. 그것이 사람의 인생으로 따지면 인생의 전성기를 지낸 은퇴기에 있는 공간의 느낌도 들고, 전성기를 가졌던 공간을 다시 조명함으로써 예전에 전성기였던 사람의 이야기를 하는 거잖아요. 그래서 그 공간을 다시 해운대 못지않게 사랑받고 주목받는 공간으로 만들고 싶다는 욕심도 있었어요. 주변에서 제목도 바꾸자고 했었는데 그냥 〈국제시장〉

으로 했고, 이 공간 자체를 전 국민이 알게 하겠다는 욕심, 공간의 역사적인 의미, 여러 가지를 알려주고 싶다는 욕심이 있었던 것 같아요.

윤제균, 〈해운대〉 〈국제시장〉 감독

파란만장한 역사의 부침을 온몸으로 겪으며 가족을 위해 희생하고 헌신한 우리의 아버지들. 그들에 대한 애틋함과 감사의 마음은 누구나 공유할 수 있는 감정이 아닐까? 그런 아버지들의 찬란하던 시절을, 마찬가지로 찬란하던 전성기를 지나 쇠락해가는 공간인 국제시장을 무대로 그려낸 영화 〈국제시장〉은 상당히 영리한 대중 설득 전략을 품고 있었던 셈이다. 관객 동원 수는 무려 1,420만 명. 역대 2위라는 흥행 성적은 그런 설득의 전략이 상당히 효과적이었다는 증거다.

차 이 를   제 시 하 라

우리는 공감을 이끌어내는 설득의 방법에 대해 알아보고 있다. 대중의 상태를 이해하고 그들과 익숙한 틀을 공유한다는 것까지 언급했다. 여기에서 그치면 공감을 완성할 수 없다. 마지막으로 절대적으로 필요한 한 가지가 있다. 그건 바로 '차이'를 제시하는 것이다.

여기서 말하는 차이는 내가 설득해야 할 대상이 이전에 한 번도 못 봤던 아주 깜짝 놀랄 만한 얘기를 하거나, 영화로 치면 바로 그런 상황을 전개시키는 걸 말한다. 영화가 익숙하기만 하고 전혀 참신함이 없다면 관객들은 하품을 할 수밖에 없다. 다 좋은 말이고 옳은 말인데 결정적으로 재미가 없으면 그건 설득에 성공할 수가 없다는 얘기다. 그 재미를 만들어내는 것, 그게 바로 '차이'다.

차이가 중요한 이유

아이폰이라는 게 사실 그전에 아이팟이라든지 MP3라든지 동영상을 보던 기능에서 완전히 혁신적인 게 아니라 새롭게 전화 기능을 넣고 다시 인터넷 기능을 넣고 한 거잖아요. 완벽히 혁신적인 건 아니라는 거죠. 익숙함과 신선함의 영역에서 사실 우리가 고민하는데, 너무 신선하게 해버리면 오타쿠처럼 되어버리거든요. 그들만의 영역이 되어버리는 거죠. 근데 너무 익숙하게 해버리면 또 진부해져요. 그 진부한 것과 참신한 것 사이에서 사실 저희가 엄청 고민하거든요.

원동연, 영화제작사 '리얼라이즈픽쳐스' 대표

그런 점에서 〈도가니〉라는 작품은 작지 않은 시사점을 안겨준다. 이 영화는 한 청각장애인 학교에서 벌어진 반인권적인 상황을 소재로 삼았다. 많은 관객들이 영화를 보고 분노했다. 영화를 보고 분노를 하게 되는데 흥행에 성공을 거뒀다는 거, 참 의미심장하지 않나?

그렇다. 이 영화가 관객들에게 제시한 차이는 바로 '분노'라는 감정이다. 그런 천인공노할 만행을 저지른 당사자들이 법정에서 제대로 심판을 받거나 처벌받지 않은 상황에 대한 분노, 그것을 영화 〈도가니〉는 결정적인 차이로 제시함으로써 대중 설득에 성공할 수 있었던 것이다.

차이를 제시하는 데 성공한 또 한 편의 사례로 〈숨바꼭질〉이라는 작품이 있다. 손현주가 주연을 맡아 지난 2013년 개봉해 흥행에 성공한 영화다. 남부러울 것 없는 가정의 가장이 실종된 형을 찾는 과정에서 이상한 일이 벌어진다는 게 기둥 줄거리이다. 주인공은 형이 살던 낡은 아파트에서 누군가 모든 세대의 식구들을 파악하고 있다는 사실을 알게 된다. 동그라미, 네모, 세모, 이런 식으로 초인종 옆에 표시해둔 것이다. 이걸 보고 대경실색한 주인공이 자신의 집에 돌아온다. 그런데 바로 자신의 집에도 형의 아파트에 새겨진 바로 그 표시가 있음을 발견한다. 이때부터 주인공은 극도의 불안감에 시달리게 된다.

영화 〈숨바꼭질〉은 주인공의 고급 아파트와 형이 사는 낡은 아파트를 대비시키면서 빈부의 격차라는 사회 현실을 관객들에게 상기시킨다. 이건 '이해'의 영역이라고 할 수 있겠다. 관객들이 그런 현실에서 살고 있음을 이해하고 있는 것이다. 이 영화의 스릴러적인 호흡은 당연히 '공유'의 영역이다. 그렇다면 영화 〈숨바꼭질〉이 제시하는 '차이'는 무엇이었을까? 그건 바로 '가장 안온하고 편안한 공간이어야 하는 내 집에 정체 모를 누군가가 숨어들어서 살고 있다', 이런 가정이다. 그게 바로 관객들을 오싹하게 만드는 결정적 한 방이었던 것이다.

영화 〈내부자들〉의 경우엔 어떨까? 이 영화는 우리 사회의 기득권을 가진 이들이 자기들끼리의 담합을 통해서 정치·경제적인 권력을 유지하는 데 대해 대중이 불만을 가지고 있음을 이해하고 있다. 그리고 그 이해를 바탕으로 한 이야기를 누아르라는, 관객에게 익숙한 장르적 틀을 통해 공유한다. 그렇다면 결정적으로 〈내부자들〉이 관객에게 제시한 차이는 무엇이었을까? 우민호 감독은 그 차이를 어떻게 만들어냈을까?

우민호가 〈내부자들〉에서 설계한 차이

최광희 〈내부자들〉의 경우 대중이 공감할 수 있는 차별화된 포석들은 어떤 것들이 있다고 보십니까?

우민호 별장.

최광희 성접대 장면이요?

우민호 그걸 보면 분명 분노가 치밀어 오를 것이다. 왜냐면 제가 먼저 보고서 분노가 치밀어 올랐으니까. 수치심이 거세된 권력자들의 추악함의 극치를 보여줘야겠다, 상징적으로 그 장면이라고 생각한 거죠. 그 영화만의 매력. 저는 매력이라는 게 참 중요하다고 생각해요. 저는 배우도 무조건 연기를 잘한다고 능사가 아닌 거 같아요. 물론 그게 기본이긴 한데, 과연 저 배우가 매력이 있냐는 거죠. 저는 그걸 많이 보거든요. 주연만이 아니라 조연들 캐스팅에도 심혈을 기울였어요.

연기도 중요하지만 저는 일단 그 매력, 저 배우가 갖는 매력이 무엇이냐, 그 매력을 이 캐릭터에 어떻게 붙일 것이냐를 고민해요. 그래서 그게 어떻게 매력적으로 관객들을 매혹할 것인가, 심지어 역할이 살인자라고 할지라도. 그게 〈내부자들〉의 이강희(백윤식 분)처럼 나쁜 놈이더라도. 나쁜 놈이지만 매력이 느껴져야하죠.

우민호, 〈내부자들〉 감독

많은 흥행 영화들이 광범위한 공감을 이끌어내는 대중 설득에 성공한 경우라고 할 수 있다. 그리고 그 설득은 설득 대상의 상태에 대한 이해를 전제로 하고, 설득 대상에게 익숙한 틀이나 상황을 공유해야 한다. 이런 이해와 공유를 바탕으로 결정적인 한 방, 그러니까 신선하고도 새롭고 매력적이면서도 깜짝 놀랄 만한 차이를 제시하는 게 중요하다. 그랬을 때 영화는 흥행이라는 성공적인 성과를 만들어낸다는 것을 몇 가지 사례를 통해 확인할 수 있었다.

따지고 보면 우리는 매 순간 누군가를 설득하며 살아간다. 설득의 대상은 고객이 될 수도 있고, 조직의 상사나 경영진이 될 수도 있으며, 가족이나 친구 같은 지인일 수도 있다. 설득하고자 한다면 우선 그 대상의 마음을 얻어야 한다. 즉, 설득하려는 대상과 정서적 공감을 이루는 것에서부터 시작해야 한다.

'이해'와 '공유' 그리고 '차이'. 효과적인 설득을 위한 이 세 가지 키워드를 여러분 각자의 영역에서 어떻게 적용할 수 있을지 생각해보시기 바란다.

Action!

현대의 많은 비즈니스는 대중의 마음을 사로잡느냐 아니냐에서 성패가 갈린다. 대중의 마음을 사로잡기 위해서는 당연히 대중이 품고 있는 정서를 이해하고 있어야 한다. 그 이해를 바탕으로 대중의 눈높이에 맞춘 익숙한 언어와 틀을 공유할 수 있어야 한다. 그리고 대중(고객)이 이전에는 한 번도 경험해보지 못한 결정적인 차이를 제시할 수 있어야 한다. 대중 설득이라는 차원에서 '이해', '공유', '차이'의 제시라는 세 가지 키워드를 잊지 말자!

익숙한 그릇에
새로움을 담는다

절반의 새로움과 절반의 익숙함. 심플하게 이야기하자면 너무 새로워도 안 되고 너무 뻔해도 안 되는 거죠.

윤제균, 〈해운대〉 〈국제시장〉 감독

〈변호인〉을 만들 때 영화적으로 제가 이뤄야겠다, 이건 지켜야겠다고 생각한 건 뭐였냐면, 법정영화의 장르적 완성도는 반드시 담보하고 가야겠다는 것이었습니다. 포맷을 만들어드리고 배우와 스태프들과 노력해서 콘텐츠를 채우면 분명히 관객들이 공감해주실 거라고 생각했어요.

양우석, 〈변호인〉 감독

진부한 이야기를 재미있게 살짝 바꿔줘야 해요. 양면점퍼처럼, 한 번 쓰고 버리기 너무 아까운 에피소드면 뒤집어서 한 번 더 입게끔. 대신 디자인이 더 좋아야겠죠.

이병헌, 〈스물〉 감독

이전 글에서 우리는 대중 설득으로서의 영화가 이해와 공유, 차이의 제시라는 전략을 구사한다는 걸 확인했다. 그 전략을 잘 구사한 영화들이 결국 흥행이라는 성과를 만들어낸다는 것 역시 알 수 있었다. 이번에는 그 내용의 연장선에서 어떻게 이해와 공유, 차이라는 요소들을 더 효과적으로 버무릴 수 있을지에 대해 조금 더 깊게 들어가 보도록 하겠다.

이해와 공유라는 것은 결국 익숙함을 나누는 것이라고 말했다. 지나치게 낯선 것은 더 많은 이들과 접점을 만들어내거나 공감을 이끌어내기에 무리가 따른다는 얘기다. 이를테면 영화도 아주 실험적이거나 예술성이 강한 작품들이 있다. 그런 영화들이 좋지 않다는 얘기는 아니다. 그런 영화들도 당연히 필요하다. 나 같은 평론가들은 경향적으로 그런 실험적이고 예술적인 영화들을 더 선호하는 것도 사실이다. 하지만 그런 영화들이 더 많은 관객과 소통하기에는 한계가 있다는 것 역시 사실이다.

내용 면에서나 형식적인 면에서나 대중에게 익숙하지 않은 것은 위화감을 만들어내기 십상이다. 영화에 장르가 있는 것은 그 위화감을 최소화하기 위해 창작자와 소비자가 공유하고 있는 익숙한 그릇이라고 할 수 있겠다. 그렇다고 익숙하기만 하다면 그건 뻔한 내용이 되기 쉽다. 여기에서 바로 이전의 것들과는 확연하게 다른 '차이'를 만들어내야 할 필요성이 대두된다.

익숙하지만 완성도 있게

많은 이들이 창의적인 아이디어는 발칙한 생각에서 출발한다고 말한다. 맞는 말이다. 그런데 발칙한 것을 사람들에게 설득시키기 위해선 그들과 공감대를 형성해야 한다는 건 어쩔 수 없는 현실이다. 혼자 아무리 창의적이고 아무리 발칙해 봤자 자신의 성과물을 누군가와 함께 나눌 수 없다면 아무 소용이 없을 것이다. 우리가 창의성을 필요로 하는 건 그것을 통해 사람들과 소통하기 위해서이다. 그러므로 우리는 사람들에게 익숙한 기존의 형식에 대해 공부를 하는 것이고, 그 공부를 통해 인간이 수천 년 동안 문명 안에서 발전시켜온 소통의 틀에 먼저 익숙해지는 과정을 거친다.

영화에서 완성도가 중요하게 여겨지는 건 그 때문이다. 영화의 완성도를 구성하는 데는 여러 가지 요소들이 작용한다. 일단 영화의 기본적인 설계도라고 할 수 있는 시나리오가 얼마나 설득력 있게 구성되었는가가 중요하다. 영화가 지향하는 색깔에 맞는 배우들을 캐스팅하고, 그들이 자신들의 캐릭터를 훌륭하게 소화해내야 함은 물론이다. 영화의 장르에 걸맞은 화면 연출도 빼놓을 수 없는 요소다. 이런 모든 것들이 조화롭게 하모니를 이룬 경우에 우린 그 작품이 완성도가 뛰어나다고 평가할 수 있다.

영화에서의 장르는 일종의 형식이다. 장르는 영화의 형식에 대해 창작자와 관객이 공유하고 있는 약속이라는 건 앞서 말한 바 있다. 액션영화라고 한다면 당연히 누구나 화려하고 박진감 넘치는 액션을 기대하기 마련이다. 액션영화를 표방해놓고 액션 장면이 별로라면 관객들은 하품을 터뜨린다. 멜로영화는 슬픔이라는 정서를 안겨주는 장르이다. 멜로영화인데 주인공들이 코미디를 하고 있으면 곤란할 것이다. 멜로영화는 주인공들의 슬픈 사연을 통해 최대한 관객들의 가슴을 흐느끼게 해야 하기 때문이다.

이런 차원에서 영화는 사람들에게 익숙한 '장르'라는 틀을 우선적으로 완벽에 가깝게 구현해내야 한다. 그 장르가 구현할 수 있는 최대치의 완성도를 이룰 수 없다면 그 안에 아무리 참신하고 훌륭한 아이디어를 담아낸다 한들 관객들의 공감을 이끌어낼 수 없기 때문이다.

양우석이 생각하는 완성도 있는 익숙함

〈변호인〉을 만들 때 영화적으로 제가 이뤄야겠다, 이건 지켜야겠다고 생각한 건 뭐였냐면, 법정영화의 장르적 완성도는 반드시 담보하고 가야겠다는 것이었습니다. 왜냐하면 나머지 파트들은 영화적 요소라기보단 어떻게 보면 주인공의 개인적인 사연이 가진 힘이란 게 있었는데, 영화만 놓고 볼 땐 어떤 걸 갖춰야 영화적으로 한국영화에 보탬이 됐다고 감히 말할 수 있을까 고민했죠. 〈도가니〉도 있었고 〈부러진 화살〉도 있었지만 한국영화 중 법정영화 장르는 두 편 제외하고 별로 없었거든요. 이번 기회에 법정영화가 국민들한테 사랑받는 장르가 될 수 있도록 만들고 싶었어요. 옛날엔 그런 말이 있었거든요. 대한민국에서 건드리지 말아야 할 3대 영화가 법정, 스포츠, 그다음에 동물, 이 세 가지 조합은 건드리지 말라 그랬어요. 그런데 저는 오히려 절대 건드리지 말아야 할 법정 장르를 한번 제대로 만들어보고 싶다, 그게 한국영화에 기여하는 어찌 보면 유일한 방법이 아닐까 생각했습니다. 장르에 왜 제가 천착했냐면 장르라는 건 공감을 만들어내기에 가장 적합한 포맷이거든요. 포맷을 만들어드리고 배우들이랑 스태프들과 노력해서 콘텐츠를 채우면 분명히 관객들이 공감해주실 거라고 생각했어요.

양우석, 〈변호인〉 감독

영화 〈변호인〉은 이른바 빽도 없고 학벌도 없는 고졸 출신 변호사 송우석의 이야기이다. 속물 세법변호사였던 송우석이, 용공 조작 사건에 휘말려 법정에 서게 된 단골 국밥집 아들의 변호를 맡게 되면서 인권변호사가 되는 스토리다. 내용은 휴먼 드라마에 가깝지만 이 영화의 장르는 양우석 감독의 말처럼 법정영화다. 법정영화라면 일단 변호인과 검사 사이 혹은 변호인과 증인 사이에 불꽃 튀는 법정 공방이 중요한 포인트라고 할 수 있다. 영화 〈변호인〉의 법정 공방 장면은 관객에게 웬만한 스릴러영화에 버금가는 긴장감을 만들어낸다. 그리고 여기에 카타르시스와 감동을 선사한다. 바로 이런 장르적 완성도가 영화 〈변호인〉이 추구한 대중 설득 전략이자 차별화의 포인트였던 셈이다.

익숙한 그릇에 새로움을 담아라

사람들에게 익숙한 틀을 채택한다고 할지라도 완성도를 갖추어야 더욱 큰 설득력을 가질 수 있다. 그런데 한편으로 익숙한 것을 추구하는 데 지나치게 집착하다 보면 진부해질 수 있는 함정에 빠지기 십상이다. 그런 걸 영화에서는 '관습적'이라고 표현한다. 관습적이라는 건 영화의 특정 장르에 필요한 요소들을 기계적으로 결합했다는 의미이기도 하다. 그래서 식상해지는 것이다. 한마디로 뻔하다는 얘기다.

여러분들도 그런 식상한 영화들을 봤을 것이다. 그 영화들이 식상한 이유는 말한 대로다. 어떤 장르에 기대되는 필수 요소들, 앞서 흥행에 성공한 영화들의 코드들을 대충 짜깁기했기 때문이다. 그 이상의 것을 보여주지 못한 것이다. 익숙함과 새로움을 어떻게 조화롭게 전달할 것인가에 앞서 일단 진부해지는 것을 피하는 것부터 고민해야 하는 이유는 바로 거기에 있다. 어떤 게 진부한 것인가, 이것을 먼저 파악하고 있어야 한다는 얘기다.

진부함에도 유형이 있다. 틀이 진부한 유형이 있고 내용이 진부한 유형이 있을 수 있다. 만약 틀이 진부하다면 내용물이 아무리 참신해도 공감을 이끌어내기 어렵다. 틀은 참신한데 내용물이 진부한 경우도 마찬가지다. 어느 경우든 사람들이 충분히 예측할 수 있는 콘텐츠는 진부함에서 벗어날 수가 없다. 뻔한 것과 뻔하지 않은 것을 적절하게 결합하는 것, 윤제균 감독은 바로 거기에 해답이 있다고 강조한다.

윤제균이 말하는 흥행 공식

최광희   뻔하지 않음을 만들어내는 것이 '차이'라고 생각하거
든요. 기존에 보지 못했던 것을 보게 만드는 것. 그러
니까 익숙하되 새로워야 한다는 것이죠. 그 사이에서
기준점을 잡는 것이 대중영화 감독의 능력이라고 생
각합니다.

윤제균   그러니까 네 가지 경우가 있어요. 뻔한 이야기를 뻔
하게 푸는 경우, 뻔한 이야기를 뻔하지 않게 푸는 경
우, 뻔하지 않은 이야기를 뻔하게 푸는 경우, 뻔하지
않은 이야기를 뻔하지 않게 푸는 경우. 이 네 개 중에
어떤 게 제일 상업적인 것 같으세요?

최광희   뻔한 이야기를 뻔하지 않게 푸는 경우 아닐까요?

윤제균   그렇죠. 뻔한 이야기를 뻔하지 않게 푸는 경우가 대
중적이라고 생각을 해요. 대중들은 뻔한 거 싫어하잖
아요. 그런데 뻔하지 않은 이야기를 뻔하게 풀면 대
중이 받아들이기에 낯선 거죠. 반면 익숙한 이야기인
데 뻔하지 않게 푼 것에 대해서 대중들이 좋아하는 것
같아요. 여러 가지 이유가 있겠지만 요소 하나만을 이
야기하자면, 개인적인 생각은 절반의 새로움과 절반
의 익숙함. 심플하게 이야기하자면 너무 새로워도 안
되고 너무 뻔해도 안 된다는 거죠.

그런데 절반의 새로움과 절반의 익숙함이라 함은

내용 자체뿐 아니라 배우의 조합이 신선하다는 것도 새로움에 들어가잖아요? 예를 들면 〈검사외전〉 같은 경우 '강동원이 저런 연기를? 황정민과 강동원의 조합?', 이건 새롭잖아요. 그러니까 절반의 새로움과 절반의 익숙함. 무엇을 새롭게 할 것이냐. '얘가 이런 역할을 한다고?' 싶게 놀랄 만한 전혀 다른 조합. 예를 들어 〈내 아내의 모든 것〉에서는 '류승룡 씨가 저런 코미디를? 악역으로만 나왔었는데?' 하는 새로움이 있었죠. 그래서 영화 안에서는 절반의 새로움과 절반의 익숙함이 대중들이 봤을 때 받아들이기 편하고 재미있게 즐기는 것이 아닌가 하는 생각이 들어요.

윤제균, 〈해운대〉〈국제시장〉 감독

그렇다면 윤제균 감독은 구체적으로 '절반의 익숙함'과 '절반의 새로움'이라는 전략을 어떻게 구사했을까?

윤제균 감독이 연출한 천만 영화 〈해운대〉를 예로 들어보자. 이 영화는 부산 해운대에 초대형 쓰나미가 덮치면서 벌어지는 이야기들을 담고 있다. 사실 이 영화에 등장하는 여러 가지 장면들은 별로 새로울 게 없다. 거대한 쓰나미가 빌딩이며 사람들을 일거에 덮쳐버리거나 재난 속에서 사투를 벌이는 사람들 같은 상황은 할리우드 재난영화에서 수없이 봐온 장면들이다. 게다가 160억 원이라는 〈해운대〉의 제작비는 수천억 원에 달하는 할리우드 블록버스터에 비하면 그야말로 '껌값' 수준이다. 할리우드영화에 나오는 엄청난 CG에 익숙한 관객들의 눈을 사로잡기에는 애초부터 어려운 일이었다. 그렇다면 무엇으로 승부를 걸었을까?

영화 〈해운대〉가 차별화의 포인트로 잡은 것은 '재난'이 아니라 '캐릭터'였다. 앞서도 한 번 언급했다시피 〈해운대〉에는 여러 타깃층을 아우를 수 있는 다양한 연령대의 인물들이 등장한다. 윤제균 감독은 이들이 가진 저마다의 사연과 감정들을 흥미롭게 버무려 관객들을 웃기고 또 울리는 스토리 전략으로 활용했죠.

〈해운대〉가 구사한 차별화 전략

흥행의 요소 세 가지를 들어보라고 하면 특히 한국 같은 경우에는 첫째도 스토리, 둘째도 스토리, 셋째도 스토리라고 생각해요. 그래서 처음 해운대를 하면서도 스토리가 빈약하거나 재미가 없으면 쓰나미가 아무리 거대하더라도 소용없다고 생각했어요. 그런 건 할리우드영화에서 많이 봐왔잖아요. 그래서 승부를 걸 수 있는 것은 스토리밖에 없다고 생각했어요. 내가 잘할 수 있는 건 많은 대중이 좋아하는, 소위 말하는 웃기고 슬프고 감동적이고, 이런 것은 잘할 수 있으니까, 내가 잘할 수 있는 스토리를 극대화시킬 수 있는 방식으로 가자. 그래서 전략적으로 재미와 감동을 추구하는 스토리로 세팅을 했죠.

윤제균, 〈해운대〉〈국제시장〉 감독

영화계 사람들이 흔히 하는 말 중에 이런 얘기가 있다. '개가 사람을 물면 영화가 될 수 없다. 그러나 사람이 개를 물면 영화가 된다.' 이게 무슨 뜻일까? 개가 사람을 무는 건 뭐 간혹가다 일어날 수 있는 일이지만 사람이 개를 무는 상황은 굉장히 흔하지 않은 일이다. 그렇게 뭔가 특별한 상황이어야만 영화의 소재로서 매력을 가지게 된다는 얘기다.

그런데 사실 이건 몹시 어려운 일은 아니다. 조금만 발상의 전환을 해보면 사람들에게 신선함을 안겨줄 수 있는 방식은 얼마든지 창안해낼 수 있다. 익숙한 것을 익숙하게 푸는 척하다가 그걸 살짝 배신하는 것도 효과적이다. 최동훈 감독과 이병헌 감독은 어떻게 익숙함과 새로움을 배합시킬지에 대해서 새길 만한 이야기를 들려준다.

최동훈이 생각하는 익숙함과 새로움의 배합

최동훈   익숙함, 통속적인 것, 이런 것들이 아주 소중한 가치가 있다고 생각하지만, 그런데 뭔가 조금은 이상해야 된다고 생각해요. 너무 둥글둥글한 원 같은 것보다는 약간 뾰족뾰족하거나, 약간 모가 나 있어야 하는 거죠. 그런데 그 모라는 게 어느 정도 나 있느냐의 차이죠. 빌리 와일더가 이런 말을 했어요. "저기 정문으로 들어오는 사람보다 갑자기 창문을 열고 벌컥 들어오는 사람이 더 흥미롭다." 마치 그런 것처럼 누군가가 등장할 때는 아주 적재적소에 또는 아예 반대로 아주

느닷없이 등장하게 해서 관객의 관심을 획득해야 하는 거죠.

최동훈, 〈도둑들〉〈암살〉 감독

이병헌이 생각하는 상투성의 창의적 재활용

이병헌 제가 선택한 건 사실 가까이에 있는 이야기를 쓰자는 것이었어요. 어찌 보면 재미없을 수도 있잖아요. 흔히 드라마에서도 볼 수 있고 옆의 친구들 사연에서도 볼 수 있는 이 흔한 이야기를 재미있다고 많이 사용하다 보니까 진부해지는 거죠. 그렇게 많이 쓰인 이야기를 다시 갖다 써야 할 때는 진부한 이야기를 재미있게 살짝 바꿔줘야 해요. 양면점퍼처럼, 한 번 쓰고 버리기 너무 아까운 에피소드면 뒤집어서 한 번 더 입게끔. 대신 디자인이 더 좋아야겠죠. 그런 고민을 했던 거 같아요. 가까이에 있는 이야기, 너무 멀지 않은 이야기를 가져다 쓰자, 대신 좀 더 재미있게 버무리자, 이런 고민을 계속했던 거 같아요. 너무 멀지 않은 이야기.

최광희 너무 멀지 않은 이야기에 재밌는 양념을 치자는 말씀인데, 더 구체적으로 설명한다면요?

이병헌 〈스물〉의 한 장면을 예로 들면, 보통 대학 신입생이 첫 등교를 할 때 '여기선 사랑도 할 수 있겠지, 여자 친구가 생기겠지', 이렇게 부푼 가슴을 안고 캠퍼스를 걸어가잖아요. 그러다가 여자랑 툭 부딪혀요. 들고 있던 책이 두두둑 떨어지고, 그걸 집으면서 서로 손이 살짝 닿죠. 이거 엄청나게 상투적이잖아요. 그런데 여기서 갑자기 덩치가 엄청 큰 여자 분이 등장하면서 재미있는 대사를 던져요. "제가 죄송해서 그러는데 고기뷔페라도……." 그렇게 잘 안 쓰는 대사들을 쓰면서 코미디 양념을 쳐주는 거죠. 다시 쓸 수 없을 것 같은 이런 상투적인 설정을 한 번 더 사용한 거예요. 그런 식으로 살짝 비트는 작업을 통해 코미디를 만들어내는 거죠.

이병헌, 〈스물〉 감독

반 보 만 앞 서 나 가 라

익숙함과 새로움의 배합이라는 함수를 푸는 건 자신만의 독특한 개성을 가지고 사람들에게 매력적으로 다가갈 수 있는 비책이다. 그렇다면 계속되는 질문이다. 어떻게 해야 익숙하면서도 새로울 수 있을까?

조금 추상적인 표현일 수 있겠지만 나는 사람들보다 반보 정도 앞서 있는 게 가장 효율적이라고 믿는다. 반보 앞서 있다는 건 사람들의 시야각 안에 내가 들어와 있다는 걸 말한다. 그럼 사람들이 나를 친밀한 각도에서 볼 수 있다.

그런 한편, 반보 정도 앞서 있으면 그들에게 내가 발견한 새로운 차원의 방향성을 제시할 수 있다. 지나치게 앞서 있으면 사람들은 쫓아갈 생각을 하지 않는다. "그래, 너 잘났다!" 하고 무시해버리게 된다. 새로움이 공감을 얻어내려면 사람들과 보조를 맞추되 그들이 미처 생각하지 못한 신선함의 향기를 맡을 수 있는 거리를 유지해야 한다.

원동연이 생각하는 새로움의 적정 수준

원동연 제가 생각하는 좋은 기획은 대중들이 좋아하지 않았었는데 내가 기획했기 때문에 대중들이 좋아하게 되는 어떤 다른 거, 이미 좋아했던 게 아니라 잘 몰랐던 부분들을 우리가 한 반보 정도 앞서 나가서 했던 것들이라고 생각해요. 저는 그런 면에서 스토리를 죽 끌고 갔던 영화보다는 캐릭터로 승부를 건 〈완득이〉 같은 영화가 기획자로서 '저건 굉장히 섹시한 기획이었다'고 생각합니다. 제가 만든 영화는 아니었지만 〈완득이〉 같은 영화는 사실 밋밋한 스토리이긴 한데, 선생님과 다문화가정의 아이가 가난과 고통을 극복해가는 과정을 캐릭터의 힘으로 끌고 간 작품이죠. 우리나라에서 굉장히 새로운 기획이 아니었나 싶어요. 되게 멋있는 기획이었다고 생각해요. 대중들이 기존에 좋아하고 소비하고 그런 기획보다 잘 몰랐던 영역의 부분들을 조금 앞서서 건드려 주는 게 저는 좋은 기획이라고 생각합니다.

최광희   제작하신 〈미녀는 괴로워〉 같은 작품도 상당히 히트를 쳤지 않습니까? 그 영화는 왜 흥행했다고 분석하세요?

원동연   일단 저희가 잘 만들었고요, 하하! 음악까지 엔터테인하게 잘 만들었는데, 그 안에 인사이트까지 준 게 어필했던 것 같아요. 성형을 예찬한 것까지는 아니지만 '성형은 나쁜 게 아니다', '당신 인생이 행복할 수 있다면 범죄가 아닌 이상 해도 괜찮다', 뭐 이런 거죠. 못생긴 사람은 평생 못생겨라, 가난한 사람은 평생 가난해라, 숙명으로 받아들여라, 이건 아니지 않습니까? 〈미녀는 괴로워〉에서 우리가 노골적으로 드러내진 않았지만 그 기저에는 '네가 왜 행복할 이유가 없니? 너도 행복해져라'라는 메시지를 도발적으로 건드렸거든요. 〈미녀는 괴로워〉를 소비할 많은 관객들에게 '당신이 가지고 있는 핸디캡과 열등감을 떨쳐버리고 당신 인생이 행복해질 수 있는 거라면 해라'라는 뜻을 던진 거죠. 그게 지금 젊은 세대들에게 받아들여졌던 것 같아요.

원동연, 영화제작사 '리얼라이즈픽쳐스' 대표

중국에 '와하하'라는 그룹이 있다. 생수와 음료, 건강식품 등을 취급하는 기업으로 연 매출이 우리 돈 10조 원에 달하는 거대 기업이다. 이 그룹의 쭝칭허우 회장은 맨손으로 시작해 억만장자가 된 입지전적 인물이다. 쭝칭허우 회장이 말하는 성공 비결이 바로 '영선반보領先半步', 즉 성공하려면 반걸음만 앞서 나가라는 것이다. 남들의 뒤만 쫓아가서도 비즈니스에서 성공할 수 없지만, 그렇다고 너무 앞서 나가도 대중들은 외면한다. 트렌드를 살짝 앞서가면서도 대중과 너무 동떨어지지 않은 거리, 바로 반보의 의미다.

공감을 만들어내는 건 공감을 할 주체가 어떤 것에 익숙한지를 파악하고 연구하는 것에서부터 출발한다. 익숙한 그릇이든 익숙한 내용이든 누가 보더라도 고개를 끄덕일 수 있어야 한다. 그런 가운데서도 식상하거나 뻔해질 수 있는 함정을 피해 가야 한다. 지겹게 들은 이야기들을 다시 반복하면 진부해지기 십상이다. 지루하기 때문에 공감이 안 되는 것이다. 그러나 지루하고 지겨운 것이라도 살짝 비틀어서 참신하고 새로운 방식으로 제시하면 사람들은 진부하게 느끼지 않는 경향이 있다. 반대로 새로운 것을 제시하겠다는 생각에 집착한 나머지 지나치게 전위적이거나 아방가르드한 뭔가를 제시하면 그것 또한 공감을 이끌어내기가 쉽지 않다. 내가 가진 결과물에 공감할 사람들의 시야각 안에 머물면서 반보 정도 앞서 있어야 한다고 강조하는 이유다.

Action!

공감을 만들어내는 지름길은 대중(고객)에게 익숙한 것이 무엇인지를 이해한 상태에서 기존에 보지 못했던 참신함과 새로움을 배합하는 것이다. 익숙한 것에 집착하면 진부해지기 십상이고, 새로움에 집착하면 대중에게 낯설게 느껴질 수 있다. 신선한 익숙함, 편안한 새로움. 익숙함과 새로움을 적절하게 배합하는 상상력이 더 큰 성과로 이어질 수 있는 지름길이다.

'최대'가 아닌
'최적'이
마음을 움직인다

관객들이 너무 잘 아세요. SNS나 이런 것들 때문에 그런 건지 모르겠지만, 영화에 대해서 저희보다 먼저 많은 정보를 알고 오시다 보니 이제는 사기 마케팅이 통하지 않는 상황이 됐어요.

박은정, 영화투자배급사 'NEW' 배급팀장

튄다고 중요한 게 아니거든요. 영화랑 다르면 안 되는 거예요. 카피를 잘못 쓰면 튀는데, 그래서 눈에는 꽂히지만 영화랑 전혀 다른 걸 기대하게 한다거나 그 영화를 봤더니 배신감을 느낀다거나 그러면 안 됩니다.

이윤정, 영화마케팅사 '퍼스트룩' 대표

영화 제목을 처음에 '공무도하'로 시작했는데 한글로 풀어내는 게 관객들의 정서에 빨리 다가갈 수 있겠다 싶어서 한글로 풀어 제목을 냈습니다.

진모영, 〈님아, 그 강을 건너지 마오〉 감독

지금까지 '성공적인 성과 창출은 곧 공감이다'라는 차원에서 여러 영화와 흥행 감독들의 사례들을 살펴보았다. 그렇다면 이제 사람들의 공감을 이끌어내기 위한 마지막 단계가 남아 있다. 보통 홍보 또는 마케팅이라고 부르는 단계다. 우리가 만든 창의적 자산을 어떻게 하면 더 많은 사람들에게 알릴 것인가, 그걸 넘어 그들에게 어떻게 호의적인 마음을 갖게 할 것인가, 궁극적으로 광범위한 공감을 이끌어낼 것인가, 그 구체적인 방법에 대해서 알아보자.

낚지 마라, 진실성으로 다가가라

여러분은 영화를 고를 때 주로 무엇을 참고하는가? TV나 각종 언론매체에 소개되는 정보들을 참고하는 이들도 있을 테고, 지하철 승강장에서 우연히 보게 된 포스터 한 장에 '아, 저 영화 봐야겠다' 하는 호감을 느끼는 이들도 있을 것이다. 조금 적극적인 관객이라면 인터넷에서 예고편이나 먼저 영화를 본 사람들의 네티즌 평을 참고하여 영화를 선택하기도 할 것이다. 나 같은 평론가로선 매우 슬픈 일이지만 평론가들의 비평을 참고하는 이들도 소수이긴 하지만 있다.

어쨌든 그런 과정 모두 우리가 영화에 대한 첫인상을 품게 되는 요소들이다. 그런데 사실 그 모든 요소가 치밀한 마케팅 전략에 따라 만들어지는 것들이기도 하다. 내 주변에 "아, 이런 영화일 줄 알았는데 막상 보니까 그게 아니더라. 실망했어", 이렇게 얘기하는 이들이 종종 있다. 이런 이들은 그러니까 마케팅 때문에 호감을 느꼈다가 막상 영화를 보고 난 뒤 그 호감이 배신감으로 바뀐 경우라고 할 수 있겠다. 이런 걸 요즘 흔히 쓰는 표현으로 '낚였다'고 말한다.

다른 비즈니스 분야도 그렇겠지만 영화의 홍보라는 것도 최대한 많은 관객들의 선택을 유도하는 걸 목표로 한다. 영화가 극장에 걸린 순간 흥행이라는 목표를 향해 달려가야 하는 건 숙명이고, 마케팅은 오로지 그 흥행을 최대치로 끌어올리는 데 복무한다. 그러니 예산이 허락하는 한도 안에서 수단과 방법을 가리지 않고 영화를 알리기 위해 최선을 다한다.

그런데 여기서 한 가지 유념해야 할 것이 있다. 대중의 '선택을 유도하는 것'과 '낚는 것'은 엄연히 다르다는 것이다. 국어사전을 찾아보면 '낚다'라는 말은 물고기를 잡는다는 원래 의미 외에 '교활한 수단이나 방법으로 현혹하여 따르게 하다'라고 나와 있다. 이런 방법이 잠깐은 효과가 있을지 몰라도 광범위한 대중의 공감으로 이어지기는 어렵다.

그런 대표적인 사례가 지난 2006년에 국내 개봉했던 길예르모 델토로 감독의 〈판의 미로: 오필리아와 세 개의 열쇠〉라는 작품이다. 이 영화 포스터 가운데에는 꼬마 소녀가 한 명 서 있다. 제목으로만 보자면 어린이들과 함께 볼 수 있는 가족용 판타지영화 같다. 당시에는 〈해리포터〉나 〈나니아 연대기〉 같은 판타지물이 한창 유행이었기 때문에 관객들이 이 영화 역시 그런 류의 판타지 어드벤처쯤으로 생각한 것도 무리는 아니었다.

그런데 막상 영화가 개봉하고 나서 많은 관객들이 이 영화에 저주를 퍼붓기 시작했다. 판타지영화인 줄 알았는데 입이 찢기고 병으로 사람 머리를 내려치고 하는 온갖 폭력적이고 잔인한 장면이 등장했기 때문이다. 사실 이 영화는 그해 '칸국제영화제'에서 20분간 기립박수를 받을 정도로 전 세계 평단으로부터 걸작이라는 극찬을 들었다. 그런데 한국 관객들에게 공개되자 쓰레기 영화로 전락해버린 것이다.

도대체 왜 이런 일이 벌어졌던 걸까? 외국에선 걸작 대우를 받던 영화가 한국에 와서 쓰레기 취급을 당하게 된 이유는 뭘까? 문제는 이 영화를 알리는 방식에 있었다. 영화에 잔인한 장면이 들어 있다는 정보를 의도적으로 숨기고 말랑말랑한 판타지물로 포장했다. 그러니 적지 않은 관객들이 '속았다' 하면서 이 영화에 돌팔매질을 하는 사태가 벌어지게 된 것이다.

또 하나의 사례는 2007년에 개봉한 〈베오울프〉라는 작품이다. 이 영화는 퍼포먼스 캡처 애니메이션이다. 모션 캡처에서 진일보한 퍼포먼스 캡처는 쉽게 말해 특수 제작된 카메라 앞에서 사람이 연기를 하면 이를 3D 캐릭터로 만들어 제작하는 영화 방식이다. 지금은 보편화된 장르이지만 당시만 해도 퍼포먼스 캡처 기술로 만든 애니메이션이 일반 관객들에겐 다소 생경할 때였다. 그런데 이 영화의 포스터 어디에도 이 작품이 애니메이션이라는 문구가 없었다. 게다가 안젤리나 졸리가 전라로 나온다는 식으로 홍보했다. 정작 영화에 등장한 건 안젤리나 졸리의 연기를 캡처 해서 만든 디지털 캐릭터였다.

이런 방식의 마케팅은 결국 관객들을 속이는 것이다. 영화에 대해 기초적으로 알려줘야 할 정보를 의도적으로 숨긴 건 결국 거짓말을 한 것이나 다름이 없다. 결코 바람직하지 않은 홍보 방식이다. "원래 홍보라는 게 최대한 그 대상을 포장해야 하는 거 아니냐? 곧이곧대로 보여줄 거면 홍보 전략이 왜 필요한가?" 이렇게 반문할 사람도 있을지 모르겠다. 그렇다면 여러 편의 천만 영화 마케팅과 배급을 담당한 관계자들의 이야기를 한번 들어보자.

천만 영화의 마케팅·배급 담당자가 말하는 홍보의 원칙

요즘에는 관객들이 굉장히 똑똑해졌다고 저희가 항상 얘기를 해요. 예전에는 '사기 마케팅'이라고 하는, 굉장히 엉뚱하고 애매한 영화들을 마케팅으로 잘 포장해 관객들한테 약간 눈속임을 해서 판매를 하다 보니까 관객들 입장에서는 시간도 버리고 돈도 버렸다고 굉장히 화를 냈던 케이스들이 많이 있었어요. 그런데 요즘에는 관객들이 너무 잘 아세요. SNS나 이런 것들 때문에 그런 건지 모르겠지만, 영화에 대해서 저희보다 먼저 많은 정보를 알고 오시다 보니 이제는 사기 마케팅이 통하지 않는 상황이 됐어요.

박은정, 영화투자배급사 'NEW' 배급팀장

이성과 거기 덧대어진 감성이 조화로울 때 그것들이 관객들에게 좋은 커뮤니케이션이 되는 것 같아요. 장점만 있는 영화는 없고 단점만 있는 영화도 없거든요. 결국 다 장단점이 있는 법인데 그 장단점을 어떻게 명확하게 잘 구분해낼 수 있는지, 장점과 단점을 영화의 자산이라고 부른다면 이 자산 중에 어떤 것을 강조하여 관객들에게 제대로 알리고 그 가치를 전달할지 고민하는 게 중요한 것 같아요.

이윤정, 영화마케팅사 '퍼스트룩' 대표

사기 마케팅은 통하지 않는다. 영화가 가진 장단점을 명확하게 파악하고 무엇을 통해 영화의 가치를 알릴 것인지를 고민해야 한다. 결국 핵심은 '진실성'에 있는 게 아닐까?

물론 홍보해야 할 대상에 대해 모든 것을 다 꺼내놓을 필요는 없다. 하지만 그렇다고 해서 의도적인 거짓말로 대중을 속여서도 안 될 것이다. 인터넷과 SNS가 발달한 요즘 같은 세상에 입소문은 엄청나게 빠르고, 대중이란 물고기는 잠시 낚였다 해도 금세 도망쳐버리기 마련이다. '진실성'이 없다면 결국 '공감'도 얻을 수 없다.

최 대 가 아 닌 최 적 을 추 구 하 라

과자류의 질소 포장이 사회적으로 이슈가 된 적이 있다. 질소를 넣어 의도적으로 내용물이 많은 것처럼 보이게 만드는 것인데 소비자를 속이는 것과 같다며 분노하는 이들이 많았다. 마케팅이나 홍보도 마찬가지다. 앞에서 예로 든 것처럼 있는 것을 고의로 감추는 홍보도 문제이지만 내용물을 과다하게 보이게 만드는 것, 그러니까 과대 포장을 하는 것 역시 대중의 공감을 얻기 어렵다.

그런 점에서 영화 홍보는 그 영화가 가진 가치를 어떻게 적절하게 알리느냐가 가장 중요한 미덕이라고 할 수 있다. 〈도둑들〉부터 〈베테랑〉까지 천만 영화 다섯 편을 홍보 마케팅한 퍼스트룩의 이윤정 대표와 강효미 이사는 가장 좋은 홍보 방식은 최대를 지향하는 게 아니라 최적을 지향하는 것이라고 강조한다.

〈도둑들〉 홍보 전략의 비하인드 스토리

〈도둑들〉이란 영화 자체는 재밌는 스토리가 분명했고, 액션과 드라마도 있고, 재미 요소들이 많은데 마케팅에서 굳이 그걸 다 까서 우리가 가진 패를 보여줄 필요가 없는 영화라고 봤어요. 오히려 궁금하게 만들어서 관객 스스로 보러 오게 만드는 게 마케팅이 가져가야 할 마지막 목표였거든요. 그런 점에서 그 마케팅 콘셉트나 포지션이 정확하게 드러나는 포스터를 만드는 게 사실 제일 중요했죠. 홍콩 로케이션이 있었잖아요. 〈도둑들〉은 멀티캐스팅에, 해외에서의 촬영이나 볼거리가 많을 거란 기대감을 심어주기에 좋은 비주얼이 필요했죠. 사실 한국 배우들뿐 아니라 해외 배우들도 협업했던 영화였고, 홍콩이나 범죄오락영화에 너무 잘 어울리는 공간에서의 볼거리가 있으니 그게 가장 확연히 드러날 수 있는 게 현장에서 찍은 스틸컷이었거든요. 그래서 그 스틸컷으로 포스터를 만들어서 메인 포스터로 보이게 끔 의도적으로 노출하게 된 거죠.

재밌는 게, 〈도둑들〉은 포스터를 스튜디오에서 1박 2일이나 찍었어요. 잠도 안 자고 이틀간 찍은 거죠. 그 많은 배우들을 모아서 이틀이나 시간 맞춰 포스터를 찍는 게 보통 일이 아니거든요. 어떤 영화도 다 같이 시간 내서 이틀씩이나 포스터를 찍진 않아요. 사실 기획과 예산과 여러 가지를 생각한다면, 게다가 배우들이 포스터를 찍기 위해 공들인 걸 생각한다면 아쉬울 수 있는 선택이긴 했지만, 모든 마케팅 관련된 스태프들이 봐도 그 현장의 한 컷을 능가하는 게 쉽지 않더라고요.

이윤정, '퍼스트룩' 대표 & **강효미**, '퍼스트룩' 이사

이들이 천만 영화를 다섯 편이나 탄생시킬 수 있었던 데는 영화가 가진 가치를 어떤 방식으로 알리는 것이 가장 최적인지에 대해 끊임없이 고민했기 때문이다. 영화 〈도둑들〉의 포스터는 그 대표적인 사례다. 대부분의 영화가 스튜디오에서 촬영한 배우들의 모습을 포스터의 이미지로 삼는 데 반해 이들은 홍콩 로케이션 촬영 도중 찍힌 현장 스틸컷을 과감하게 메인 이미지로 채택했다. 스타 군단의 멀티 캐스팅과 홍콩 로케이션이라는 것을 단박에 알릴 수 있는 이미지라고 판단했기 때문이다.

퍼스트룩이 홍보한 또 다른 영화 〈변호인〉은 어떨까? 많은 이들이 알다시피 이 영화는 실재 인물을 모델로 삼아 개봉 전부터 상당

히 정치적·사회적 이슈가 됐다. 그렇다면 영화의 홍보도 이 부분을 포인트로 삼았을까?

〈변호인〉의 홍보 전략

최광희 영화의 내용은 사실 되게 무겁잖아요. 그럼에도 불구하고 메인 포스터만 보면 해맑아요. 따뜻하고 해맑은 정서, 내용과 반대로 가자고 판단하신 이유는 무엇이었나요?

이윤정 이 영화는 저희가 생각하기에 영화가 가진 가치 면에서 정치적이거나 사회적 메시지가 중요한 영화는 아니었어요. 한 인간에 대한 이야기, 누구나 할 수 있는, 누구나 선택의 기로가 있으니까, 그 선택의 기로 앞에서 평범한 사람이 어떻게 변화해 가는가에 대한 흥미로운 이야기라고 생각했어요. 거기에 송강호라는 배우가 가진 서민적이면서도 소탈한 이미지가 따뜻함을 주기도 했고요. 사람들이 좋아하는 웃음과 유머 코드를 가진 배우잖아요. 그런 배우가 그런 캐릭터를 만났을 때, 그 시너지가 굉장히 매력적이라고 생각했거든요. 그런 면에서 마케팅의 콘셉트도 그런 쪽에 주목하는 게 이 영화를 좀 더 사람들이 선입견 없이 재밌게 받아들일 수 있을 거라고 생각했죠.

이윤정, 영화마케팅사 '퍼스트룩' 대표

정치적 메시지보다 작품의 영화적 재미와 장점에 집중하자는 것이 〈변호인〉의 전략이었다는 것이고, 결과적으로 그 판단은 적중했다고 볼 수 있다. 작품이 가진 정치적 성향 때문에 흥행에 한계가 있을 거라는 애초의 우려를 보란 듯이 깨고 〈변호인〉은 천만 영화에 당당히 이름을 올리게 됐으니 말이다.

그런데 한 가지 기억할 것이 있다. 〈변호인〉이 취한 것과 같은 방식은 앞서 여러 사례를 통해 설명한 잘못된 홍보 전략, 즉 정보를 의도적으로 감춤으로써 결과적으로 진실성을 의심받게 되는 방식과는 구분돼야 한다는 사실이다. 없는 것을 있다고 하거나 있는 것을 없다고 하는 게 아니라, 가지고 있는 여러 요소 가운데 대중과의 접점을 극대화할 수 있는 포인트를 찾아내 여기에 집중한 것이라고 평가할 수 있을 것이다. 과대 포장이나 왜곡 포장이 아닌 성과물의 성격과 가치에 맞는 적절한 홍보 방식, 바로 최대가 아닌 최적을 지향하는 공감 포장인 것이다.

최적을 위한 한마디를 찾아라

자신이 표방하는 것을 가장 단순하고 명료한 한 문장으로 표현하는 걸 일컬어 '캐치프레이즈'라고 한다. 이를테면 미국의 클린턴 전 대통령이 대선 때 썼던 캐치프레이즈는 지금도 인구에 회자되고 있다. "It's the economy, stupid!" 번역하면 "문제는 경제야, 이 바보야!"라는 뜻이다. 조금 자극적인 듯 보이면서도 경제 대통령을 자처한 클린턴의 정책적인 비전이 아주 효과적으로 담긴 문구였다.

이렇게 단 하나의 짧은 문장은 홍보에서 아주 큰 역할을 차지한다. 누구라도 길고 지루하고 장황한 설명을 듣고 싶어 하진 않는다. 짧고도 명료한 문장 안에 자신의 지향점을 분명히 밝히는 게 대단히 효과적이라는 건 유명한 광고 카피들을 보더라도 이미 입증돼 있다. 이를테면 '침대는 가구가 아닙니다. 과학입니다'라는 광고 카피는 여전히 명카피의 하나로 기억되고 있다.

영화에서는 포스터에 삽입되는 홍보 카피 그리고 제목이 그 역할을 담당한다. 가장 중요한 건 역시 '제목'이다. 어떤 제목을 뽑느냐에 따라 관객들의 호감도가 좌우되는 경향이 있다. 〈님아, 그 강을 건너지 마오〉라는 제목은 어떤가? 요즘은 줄임말을 쓰는 게 트렌드인데 너무 길다고 느껴지는가? 사실 개봉 전에 배급사에서도 이 제목을 반대했다고 한다. 너무 기니까 줄여서 〈님아〉로 하자는 의견도 나왔다고 한다. 하지만 진모영 감독은 처음 정했던 제목을 그대로 고집했다. 영화의 진정성을 드러내기에 처음 정했던 제목만큼 더 나은 게 없다고 생각했기 때문이다. 그리고 이 제목이 오히려 다큐멘터리가 담고 있는 미덕과 가치를 가장 효과적으로 알릴 수 있는 최적의 홍보가 됐다.

〈님아, 그 강을 건너지 마오〉 제목에 얽힌 뒷얘기

첫 번째 기획서를 열어보면 제목이 〈공무도하〉로 되어 있어요. 그러고 나서 중간에 조금씩 바꾼 것들이 있어요. 〈선녀와 나뭇

꾼〉, 〈스틸 러빙 유〉, 그런 제목 대신 최종적으로 〈님아, 그 강을 건너지 마오〉란 제목을 선택했는데, 마지막까지 그 제목을 붙들 었던 건 할머니가 해준 이야기 때문이었어요. 젊으나 나이가 드 나 맴은 한 가지래요. 죽기 싫고 건강하고 싶고 아프기 싫고 그 런 거죠. 그 마음은 젊으나 늙으나 똑같다, 매한가지래요. 나이 가 들었다고 해서 '아, 저 영감 빨리 가버렸으면 좋겠네'라고 생 각할 순 없죠. 님아, 그 강을 건너지 마오! 정 건너야 한다면 너 무 아플 때, 이제 너무 아프니까 아프지 않은 세상으로 갔으면 좋겠어, 정도일 거라고 생각했어요. 어느 날 할머니 인터뷰를 하 는데 할머니가 그 이야기를 하시더라고요. 할아버지가 가셨으 면 좋겠다고, 저렇게 너무 아프니까. 그런 얘기를 하면서 막 우 시더라고요. 영화 제목을 처음에 '공무도하'로 시작했는데 한글 로 풀어내는 게 관객들의 정서에 빨리 다가갈 수 있겠다 싶어서 한글로 풀어 제목을 냈습니다. 그때 그 집 앞에 강이 흐르고 있 었기 때문에 〈님아, 그 강을 건너지 마오〉로 제목을 잡았어요.

진모영, 〈님아, 그 강을 건너지 마오〉 감독

영화 제목만큼이나 포스터나 예고편 등을 통해 노출되는 홍보 카피도 중요한 역할을 하기 마련이다. 관객 동원 1,760만 명, 한국영화 최고 흥행작인 〈명량〉이라는 영화의 홍보 카피를 기억하는가? 바로 '역사상 가장 위대한 전쟁이 시작된다'였다. 기본적으로 천만 이상의 관객을 노리고 만들어지는 영화들은 홍보 카피를 최대한 포괄적인 느낌으로 표현하는 것이 유리하다는 게 홍보 전문가들의 설명이다. 그러니까 세대와 성별을 막론하고 누구라도 공감할 수 있는 표현을 구사하게 되는 것이다. 20대 관객이 메인 타깃인 로맨틱 코미디가 아닌 이상 젊은이들만의 유행어를 쓰는 건 금물이다. 여기서 중요한 것은 영화의 특징과 가치를 적확하고도 명시적으로 표현하되 관객들 스스로 상상할 수 있는 여지를 남겨둔다는 것이다. 바로 그 부분이 호기심으로 이어지게 된다.

천만 영화의 카피, 이렇게 만들어졌다

좀 더 여지를 주는 거죠. 관객들이 상상할 수 있는 여지를 좀 더 주는 방향. 예를 들면 〈명량〉 같은 경우에 역사상 가장 위대한 해전을 저희가 어떤 일부만 강조하거나 이순신이란 인물을 우리가 의도하는 어떤 한 면만 강조하기보단 오히려 이순신이란 모티브를 두고 관객들이 본인의 생각에 따라 상상의 여지를 둘 수 있는 카피를 썼죠. 그리고 〈광해, 왕이 된 남자〉 같은 경우에도 '광해군 8년, 모두가 꿈꿔온 또 한 명의 왕이 있었다'는 문장이 그런 경우였어요. 그 역시도 광해가 보여주는 이 영화의 메시지가 지금 우리한테도 필요한 리더상을 제시하는 영화라는 뉘앙스를 주지만, '또 한 명의 왕이 있었다'고 하는 문구에서 관객들로 하여금 좀 더 상상의 여지를 두는 방향을 선택한 것이죠. 〈베테랑〉 같은 경우에 좋은 카피는 영화 안에 있기 마련이거든요. 영화랑 동떨어진 다른 카피를 픽업한다고 좋은 카피가 되는 건 아니기 때문에 그 영화의 경우에 "내가 죄짓고 살지 말랬지"와 "나한테 이러고도 뒷감당할 수 있겠어요?"라는 대사를 메인 카피로 뽑았죠. 그렇게 기억에 남는 대사가 좋은 카피가 되기도 하죠.

이윤정, '퍼스트룩' 대표 & **강효미**, '퍼스트룩' 이사

과대 포장 또는 의도적인 왜곡, 숨김, 이런 것이 통하던 시대는 지났다. 또 그런 게 통해 봤자 그 기간은 얼마 가지 못한다. 괜히 과대 포장을 했다가 정작 자신이 가진 자산의 가치를 떨어뜨리는 우를 범할 수도 있다. 홍보와 마케팅 단계에서 가장 중요한 것은 우리가 가진 협업의 성과물이 어떤 매력과 공감 포인트를 가졌는지를 명확하게 파악하고, 거기에 가장 적절한 최적의 포장 방식을 찾아내는 것이라고 흥행 영화들의 사례는 시사하고 있다. 즉, 알맹이의 개성과 쓰임새를 직관적이면서도 쉽게 알리되 소비자들이 자신에게 던져진 마케팅 요소들을 통해 상상을 품게 하고 그것을 강렬한 호기심으로 바꿔놓을 수 있는 여지를 남겨두는 것, 그것이 바로 공감 포장의 비결이라고 할 수 있을 것이다.

Action!

성과물을 알리기 위한 선결 조건은 개인과 조직이 가진 자산의 가치와 장단점을 정확하게 판단하는 것이다. 그리고 거기에 가장 알맞은 홍보 방식을 선택하는 것이다. 내용을 부풀리는 과대 포장이나 왜곡

포장은 오히려 소비자들에게 반감을 살 수 있고 해당 브랜드에 대한 부정적인 이미지를 만들어낼 위험성을 내포한다. 따라서 '최대'를 추구하는 것보다 '진실성'을 내포한 '최적'의 홍보 방식이 중요하다. 또한 짧고도 강렬한 메시지를 통해 소비자들로 하여금 성과물에 대한 상상과 호기심을 유발할 수 있도록 하는 전략이 더욱 효과적이다.

타이밍도
예술이다

배급사에서 초기에 크리스마스에 틀자고 했어요. 굉장히 찬반이 뜨거웠어요. 결국엔 '크리스마스 위험하다, 앞서서 틀고 잘되면 크리스마스까지 가보자'고 했죠.

진모영, 〈님아, 그 강을 건너지 마오〉 감독

"이거는 대선 시즌에, 추석에 가야 한다. 이건 타이밍이 엄청 중요하다. 이걸 놓치게 되면 대선의 결과 다 나온 다음에, 좋든 싫든 리더가 결정된 이후에 리더의 자질을 논하는 영화가 무슨 뒷북이냐."

원동연, 영화제작사 '리얼라이즈픽쳐스' 대표

조금 개봉을 미루면서 그 시기를 피해 갔는데, 오히려 그게 더 저희한테 좋은 상황이 되어서 굉장히 좋은 성적을 이뤄냈죠.

박은정, 영화투자배급사 'NEW' 배급팀장

익숙하면서도 차별화된 무언가를 제시해 대중을 설득하는 전략, 진정성을 갖고 최대가 아닌 최적을 지향하는 공감 포장. 그 못지않게 중요한 것은 바로 '타이밍'을 정하는 것이다. 그러니까 언제, 어떤 시기에 우리의 성과물을 공개하는 것이 그 최대치의 성과를 뽑아낼 수 있느냐, 이게 상당히 중요한 관건이 될 수 있다는 얘기다.

영화에서 타이밍은 개봉 시점을 정하는 것이다. 타이밍은 흥행 성패를 결정하는 아주 중요한 역할을 한다. 여기에도 분명 영화의 성격과 가치가 타이밍을 결정하는 변수가 된다. 만약 그 영화가 대규모 예산을 투입한 액션 영화라면 2015년에 나란히 천만을 넘긴 〈암살〉이나 〈베테랑〉처럼 여름 시즌에 개봉하는 게 유리하다. 앞서 2014년에는 〈명량〉과 〈해적: 바다로 간 산적〉이 역시 여름 시즌에 개봉해 동반 흥행에 성공했다. 이런 영화들은 모두 많은 제작비를 들여 만들어진 이른바 블록버스터급 영화들이다. 그러니 관객이 가장 몰리는 시즌, 여름 방학 시즌에 개봉한 것이다.

여름 방학 다음으로 관객이 많이 몰리는 시즌은 연말연시다. 그런데 이때는 시원한 액션이나 오락영화보다는 뭔가 뭉클한 감동을 안겨주는 휴먼 드라마들이 많이 개봉한다. 이유가 뭘까? 날씨가 추워지면 사람들은 뭔가 따뜻한 이야기를 원하기 때문이다. 사람 냄새가 물씬 풍기는 영화들을 찾게 되는 것이다.

여름엔 액션, 겨울엔 휴먼 드라마. 굉장히 뻔해 보이는 공식이지만 이런 타이밍 공식이 생긴 건 그만큼 관객들도 그런 흐름에 익숙해져 있다는 반증이다. 그래서 영화의 특징과 장르적인 성격에 따라

여름에 개봉할 것이냐, 겨울에 개봉할 것이냐를 정하는 건 실패 가능성을 최소화하는 방법이기도 하다.

그런데 꼭 그렇게 공식대로만 가는 게 능사는 아니다. 어떤 영화는 바로 그 공식에 맞췄음에도 불구하고 실패하고, 또 어떤 영화는 그 공식에서 어긋났음에도 성공한다. 여기서 타이밍을 법칙이 아니라 '공식'이라고 표현한 건 그 때문이다. '반드시'라는 건 없다는 얘기다. 오죽하면 '영화 흥행은 신도 모른다'는 속설이 있을 정도니까. 그만큼 타이밍을 정하는 건 상당히 많은 변수를 한꺼번에 고려해야 하는 복잡한 문제이기도 하다.

그래서 타이밍이란 건 어찌 보면 그 자체로 Art, 즉 '예술'이라고 불러도 무방할 것이다. 언제 뚜껑을 열어야, 언제 대중에게 공개해야 우리가 만든 결과물이 최대치의 성과를 낼 수 있을 것인가를 결정하는 건 결코 쉽지 않은 문제임에 틀림이 없다. 그렇다면 우리는 타이밍의 예술에 대해서 좀 더 깊이 살펴볼 필요가 있다. 역시나 많은 흥행 영화들의 사례가 그 힌트를 안겨준다.

모두가 피하는 타이밍이 호기가 될 수 있다

2016년 설 연휴에 기현상이 벌어졌다. 보통 명절 시즌에는 한국영화들이 한꺼번에 몰린다. 누가 봐도 관객들이 대거 몰리는 대목이기 때문이다. 그래서 많을 때는 대여섯 편의 영화가 한꺼번에 개봉하기도 했다. 그런데 2016년 설 시즌만큼은 예외가 됐다. 설을 겨냥해 개봉한 영화가 〈검사외전〉 한 편밖에 없었다. 왜 이런 현상이 벌어진 걸까?

그전 명절 시즌, 즉 설이나 추석 시즌에 너무 많은 한국영화가 몰린 나머지 관객들이 분산됐던 게 영향을 미쳤다. 관객들이 여러 편의 영화로 나뉘다 보니 명절 시즌의 흥행 가능성이 오히려 낮아져버린 것이다. 그래서 영화사들이 거꾸로 설 연휴라는 대목을 피하게 되는 상황이 벌어졌다.

어쨌든 〈검사외전〉은 소신 지원을 하게 된 셈인데, 그 보상은 엄청났다. 연휴 기간 동안 극장을 찾은 관객들을 싹쓸이하다시피 하면서 거의 천만 명에 가까운 흥행 성적을 거뒀다. 황정민과 강동원이라는 스타 캐스팅도 한몫을 했겠지만 〈검사외전〉의 흥행은 사실상 기가 막힌 타이밍이 만들어낸 결과라고 해도 과언이 아닐 것이다.

극장가의 1년은 이른바 성수기와 비수기로 나뉜다. 앞서 말한 대로 7, 8월 여름 시즌은 최대 성수기이고, 12월이 거기에 맞먹는 성수기이다. 예전에 〈반지의 제왕〉이나 〈해리포터〉 같은 판타지 영화들이 대략 연말 시즌에 맞춰 개봉했던 것을 기억할 것이다. 그래서 여름과 겨울이 그래프로 보면 두 개의 봉우리가 우뚝 솟은 모양이다. 텐트의 기둥 같아 보인다고 해서 성수기 시즌을 '텐트폴' 시즌이라고도 한다. 또 이 시즌을 겨냥해 만든 작품들을 '텐트폴영화'라고도 부른다. 물론 대규모 예산이 들어간 블록버스터들인 경우가 많다.

텐트폴 시즌이 아닌 나머지 시즌, 그러니까 2월부터 대략 4월까지의 봄 시즌 그리고 추석 명절을 빼고 9월부터 11월까지의 가을 시즌은 비수기로 통한다. 그래서 이때는 블록버스터급 영화보다는 비교적 중저예산의 영화들이 많이 개봉한다. 텐트폴영화들이 거의 없으니까 그들에겐 이때가 오히려 호기이기 때문이다. 하지만 그만큼 극장을 찾는 관객 수도 적기 때문에 대규모 흥행을 하는 건 그리 쉽지 않은 일이다. 그런데 예외도 있다.

지난 2014년 11월에 개봉한 〈님아, 그 강을 건너지 마오〉라는 작품이 그 대표적인 사례다. 이 영화는 다큐멘터리다. 텐트폴 시즌에 개봉하기엔 누가 봐도 무리일 수밖에 없었을 것이다. 그런데 타이밍이 기가 막혔다. 개봉일은 11월 27일, 그러니까 비수기의 막바지이자 막 성수기로 접어드는 시점에 뚜껑을 연 것이다. 그렇게 비수기 시즌에 개봉했으니 일단 상영관을 확보하는 게 비교적 쉬웠을 것이다. 그래서 입소문을 탈 여지도 커졌다. 그 입소문이 눈덩이처럼 커졌고, 결국 영화는 해를 넘기면서까지 롱런했다. 결과적으로 500만에 가까운 흥행 성적을 냈다. 다큐멘터리로서 이 정도 흥행했다는 건 거의 기적이라고 부를 수 있다.

〈님아, 그 강을 건너지 마오〉의 타이밍 전략

최광희　이 영화가 개봉했던 시점인 11월은 비수기거든요. 이런 작은 영화들이 좀 꿈틀거릴 수 있는 여지들이 있는 때였어요. 근데 의도치 않게 혹은 예기치 않게 소위 말하는 겨울 성수기까지 상영이 이어지게 됐는데 오히려 결과적으로 개봉 타이밍이 절묘했다는 생각이 들기도 해요. 만약에 여름 성수기나 12월 겨울 성수기에 개봉했다면 결과가 달라졌을 수 있지 않을까요? 왜냐하면 주목받는다 할지라도 그 주목을 흡입할 수 있는 물리적 여지 자체가 줄어들 수밖에 없는 시장이기 때문이죠.

진모영 그 이야기는 완전히 맞는 말인 것 같아요. 어떤 것이 발화해서 폭발하는 모든 요소들이 정확하게 그 지점에서 역할을 해줘야 하는 것들이거든요.

재밌는 에피소드가 있어요. 〈님아, 그 강을 건너지 마오〉의 배급사에서 초기에 크리스마스에 틀자고 했어요. 굉장히 찬반이 뜨거웠어요. 결국엔 '크리스마스는 위험하다, 앞서서 틀고 잘되면 크리스마스까지 가보자'고 했죠. 그렇게 해서 결국 크리스마스에 300만이 넘고 해가 넘어가면서 400만까지 갔는데, 그 뒤에 그런 얘기를 많이 했습니다. 연말에 한국영화는 드라마적이고 따뜻한 게 먹히더라, 그런데 외국영화는 액션물이 흥행하는 것 같다, 이런 분석이었죠. 그 부분에서 〈님아, 그 강을 건너지 마오〉가 정확히 맞아떨어졌던 것 같고요.

이듬해인 2015년 겨울에 재미있는 현상이 있었어요. 12월 17일을 전후로 한 그즈음에 다큐멘터리들이 한꺼번에 쏟아졌죠. 그래서 극장을 잡기 힘들었던 것도 어쩌면 〈님아, 그 강을 건너지 마오〉가 낳은 현상이었던 거 같아요.

진모영, 〈님아, 그 강을 건너지 마오〉 감독

사 회 적 이 슈 를 예 측 하 라

성수기와 비수기 사이에서 언제 개봉 시점을 잡을 것이냐도 중요하지만 사회적인 이슈를 활용하는 타이밍 전략도 성공을 거둘 때가 많다. 영화란 게 정치·사회적인 분위기와 완전히 무관하다고 생각할 수도 있겠지만 결코 그렇지가 않다. 영화를 보러 가는 건 관객들이고 관객들은 사회적인 공기 속에서 살아가기 때문이다. 따라서 그들이 지금 벌어지고 있는 사회현상 가운데 무엇에 주목하고 있는가를 면밀하게 살피는 것은 흥행이라는 성과를 창출하기 위해선 필수적이다.

그 대표적인 사례가 〈변호인〉이라고 볼 수 있다. 이 영화가 개봉한 시점은 2013년 연말이었다. 영화 속에서 송우석이라는 이름으로 등장하지만 송강호가 연기한 주인공은 누가 봐도 고故 노무현 전 대통령이다. 유권자의 정치적 성향을 고려할 때 노무현 전 대통령에 대한 향수를 가진 이들은 그전 대선에서 대부분 문재인 후보에게 투표했을 것이라는 유추가 가능하다. 그런데 알다시피 문재인 후보가 대선에서 패배하고 말았다. 바로 그 지점에서 이 영화는 대선 이듬해인 2013년 말이 영화 개봉의 적기라는 판단을 했을 것이다. 왜 그럴까? 바로 문재인 후보에게 투표했던 1,469만 명이라는 유권자들, 대선 패배에 대한 상실감을 가지고 있는 그 많은 이들이 바로 이 영화의 관객으로 흡수될 수 있을 거라고 판단한 것이다.

대선은 우리 사회에서 매우 큰 이슈다. 정권의 향방이 달라지는 데 따라 사회 분위기도 흐름을 타게 돼 있다. 2012년 대선을 앞두고 추석 시즌에 개봉해 역시 천만을 넘긴 〈광해, 왕이 된 남자〉는 바로 그 대선을 미리 적극적으로 염두에 두고 개봉 시점을 잡은 작품이다.

〈광해, 왕이 된 남자〉의 타이밍 전략

최광희 사실 〈광해, 왕이 된 남자〉도 대선이라고 하는 사회적 환경, 이런 것들이 없었더라면 플러스알파를 만들어내긴 어려웠을지 모른다고 결과적으로 생각할 수 있을 것 같습니다. 타이밍이 이 영화의 흥행에 굉장히 중요한 요소로 작용했다고 대표님도 보시는 거죠?

원동연 완전 동의합니다. 왜냐면 지금 우리나라에 천만 영화가 열세 편 정도 있는데 열두 편이 여름방학과 겨울방학, 이른바 텐트폴 시즌에 나왔고 유일하게 〈광해, 왕이 된 남자〉만 가을 시장인 추석 시장에 나왔습니다. 그전까지 추석 시장의 최고 흥행작은 〈타짜〉로 680만 명이었어요. 가을 시장에 천만을 기대한다는 건 사실 그간에 저희가 가지고 있는 데이터로는 불가능한 상황이거든요. 아침 시간에 학생들이 학교를 가버리기 때문에 아침 시장 관객을 동원할 방법이 없습니다. 그래서 여름시장과 겨울시장이 강한 것이죠.

하지만 우리는 무조건 가을에 가야 한다고 믿었어요. 그런데 감독은 일단 작품이 좋아지길 원합니다. 감독은 조금 더 편집하길 바랐고, 조금 더 가공하길 원했고, 조금 더 CG를 하길 바랐고, 조금 더 믹싱해서 사운드를 정교하게 하길 원했지만 제가 반대했죠. "야, 이거는 대선 시즌에, 추석에 가야 한다. 이건 타이밍이 엄청 중요하다. 이걸 놓치게 되면 대선의 결과 다 나온 다음에, 좋든 싫든 리더가 결정된 이후에 리더의 자질을 논하는 영화가 무슨 뒷북이냐. 안 된다. 리더가 누구인지가 제일 관건일 때 이 영화를 해야 된다"고 감독을 설득하고 설득해서 그 시기에 갔습니다. 그건 투자자나 마케터들도 다 동의했고, 비즈니스 쪽에서 바라보는 사람들 역시 이 타이밍을 놓쳐선 안 된다는 생각이 굉장히 주효했고, 그걸 또 저희가 예상한 것이죠.

원동연, 영화제작사 '리얼라이즈픽쳐스' 대표

〈광해, 왕이 된 남자〉는 '광해군'과 그와 똑같은 외모를 가진 천민 '하선', 두 사람을 축으로 하는 이야기다. 독이 든 음식을 먹고 의식을 잃은 광해군을 대신해 왕 노릇을 하게 된 천민 하선이 조정의 부조리함을 알게 되면서 백성을 위하는 진짜 왕의 마음을 갖게 된다는 스토리다. 영화의 카피도 '모두가 꿈꿔온 또 한 명의 왕이 있었다'이다. '리더란 어떤 사람인가', '국민은 어떤 리더를 원하는가'에 대한 질문을 던지는 영화다. 따라서 제작자인 원동연 대표는 이 영화가 우리의 리더를 결정하는 대통령 선거 이전에 개봉해야만 폭발력을 가질 수 있다고 판단했다. 서민적 리더십에 대한 관객들의 열망을 충족시키는 영화의 가치에서 출발한 타이밍 전략이었던 것이다.

경쟁을 고려하라

영화의 개봉 시점을 잡을 때 또 한 가지 중요하게 작용하는 변수는 바로 비슷한 시기에 개봉하는 경쟁작들이다. 경쟁 상대가 누구인지, 그들이 어떤 패를 가지고 있는지, 이것에 대한 세밀한 분석이 선행되어야 한다는 것이다. 만약 그들과 붙어도 괜찮을 것 같다면 정면 승부를 펼치는 거고, '아유, 아무래도 저쪽한테 완전히 밀릴 것 같아', 그러면 피해 가는 게 상책이다.

영화 〈변호인〉을 배급한 회사는 'NEW'라는 투자배급사이다. 우리나라 대부분의 메이저 배급사들과 마찬가지로 이 회사도 많은 영화를 배급하는데 일부는 성공하고 일부는 실패한다. 사실 실패작들이 더 많은 게 사실이다. 왜 실패했을까. 그걸 따져 보는 것도 이들에겐 중요한 일일 것이다.

투자배급사 NEW로선 〈변호인〉 말고도 타이밍을 잘 잡아 성 공한 사례가 있고, 타이밍을 놓쳐서 실패한 사례가 있다. 전자의 경 우는 어쩌다 보니 개봉 시점을 늦춘 게 흥행에 호재로 작용한 〈연평 해전〉이라는 작품이다. 후자의 경우는 너무 일찍 개봉하는 바람에 설 연휴 시즌을 〈검사외전〉의 독무대로 만들어준 〈오빠 생각〉이라는 작 품이다.

'타이밍'에서 성공한 영화 VS 실패한 영화

〈연평해전〉은 6월에 개봉했는데, 어떻게 보면 성수기 시장에 접 어드는 상황이라고 볼 수 있지만 영화의 내용상 호국보훈의 달 을 타깃으로 잡은 거였거든요. 그래서 6월 시장에 개봉하기로 날을 정해놓은 상황이었는데 갑자기 예상치도 못한 메르스가 터지면서 개봉을 2주 미뤘거든요. 그때 저희와 같이 개봉을 준 비했던 작품 중에 할리우드영화 〈쥐라기 월드〉가 있었죠. 그 영 화가 저희랑 원래 경쟁을 하려고 준비를 하고 있었는데 상대적 으로 외부에서 저희가 그 공룡 때문에 무서워서 피한 거 아니냐, 이런 얘기가 있었지만 저희는 이 〈연평해전〉이라는 영화 자체 가 한 타깃층을 보는 영화가 아니라 전 세대를 다 아우를 수 있 는 영화라고 생각을 했어요. 그리고 또 특히나 군장병들에 대해 서도 생각을 안 할 수 없다 보니까 조금 개봉을 미루면서 그 시 기를 피해 갔는데, 오히려 그게 더 저희한테 좋은 상황이 되어서 굉장히 좋은 성적을 이뤄 냈죠.

좀 아쉬운 케이스가 있다면 〈오빠 생각〉이라는 작품인데, 개봉 예정된 그 날짜에 특별히 다른 경쟁작이 없었어요. 그래서 배급적으로 봤을 때는 많은 상영관을 확보할 호기였죠. 그리고 원래 목표는 설 명절이었어요. 명절 이전에 개봉해놓고 설까지 쭉 가서 롱런하자는 게 목표였는데 그 전략이 빗나갔던 것 같아요.

박은정, 영화투자배급사 'NEW' 배급팀장

결과적으로는 두 영화 모두 경쟁작들을 피해 가는 전략을 택한 건데 하나는 성공했고 하나는 실패한 셈이다. 하나는 늦춰서 성공했고 하나는 너무 빨리 개봉해서 실패했다. 결과론적인 얘기지만 〈연평해전〉은 피해 가는 게 맞았고, 〈오빠 생각〉은 〈검사외전〉과 정면 대결을 펼치는 것이 오히려 더 좋은 결과를 가져올 수도 있었을 것이다. 차라리 정면 승부를 펼쳐서 오히려 흥행적으로 좋은 성과를 거둔 사례들은 앞서 언급한 바 있다.

경쟁작들을 의식하되 피해 가느냐, 아니면 정면 승부를 펼칠 것이냐에 대해 가장 적절한 판단을 하기 위해선 자신이 가지고 있는 콘텐츠의 가치를 최대한 객관적으로 판단하고 경쟁작의 흥행력까지도 예측할 수 있어야 한다. 영화가 개봉 시점을 어떻게 잡느냐는 그 영화가 가지고 있는 가치를 더욱 확장할 수도 있고 축소해버릴 수도 있다. 흥행에서 타이밍은 관객들의 공감 영역을 결정하는 시간 전략이다.

우리가 성공적인 성과를 창출해내는 데에도 타이밍은 굉장히 중요한 요소다. 누구라도 성과물이 자신 있으면 빨리 세상에 내놓고 싶을 것이다. 하지만 세상이 그걸 받아들일 준비가 돼 있는지를 살피는 것이 선행되어야 한다. 자신이 만든 결과물의 가치를 객관적으로 평가하고, 전반적인 사회의 트렌드와 이슈 역시 적극적으로 고려해야 한다. 시점이란 단순히 연속으로 흐르는 시간의 한 지점이 아니다. 거기에는 동시대를 살아가는 사람들의 잠재의식, 수많은 열망과 결핍의 정서들이 뭉쳐져 있다. 그들의 정서와 최대한 폭넓은 접점을 만들어낼 수 있는 시점을 찾아내는 것, 그래서 서둘러야 한다면 서두르고 늦춰야 한다면 인내심을 가지고 기다리는 것, 그것이 바로 타이밍의 예술이다.

Action!

자신이 가진 성과물을 언제 세상에 내놓을 것인가를 결정하는 게 타이밍 전략이다. 타이밍 역시 타기팅과 마찬가지로 성과물의 가치를 적절하게 판단하는 것이 전제되어야 한다. 그러면서도 외부의 상황 등 여러 변수들을 한꺼번에 고려해야 하는 더욱 복잡하고 어려운 일이다. 그 고려 요소에는 대중들이 주목하는 사회적 이슈를 비롯해 정치 사회적 트렌드, 경쟁 브랜드의 상태 등이 포함된다. 타이밍은 성과물에 마지막 플러스알파를 만들어내는 화룡점정의 시간 전략이다.

우리도 천만 영화감독처럼

영화 흥행의 성공 노하우를 다양한 직무 분야에 고스란히 적용한다는 건 말처럼 쉬운 일은 아닐 것이다. 일단 영화라는 분야가 가진 특수성 때문이다. 영화감독은 직업이긴 하지만 월급을 받지 않는다. 대신 영화 한 편을 할 때마다 연출료를 받게 돼 있다. 그들은 자신의 프로젝트를 스스로 개발하고 완수해나가는 일종의 프리랜서다. 그리고 영화라는 프로젝트가 흥행이라는 성과로 이어지도록 하는 가장 중심적인 역할을 수행한다. 흥행에 실패한 감독에겐 또 다른 연출 기회가 주어질 가능성이 줄어들 수밖에 없다. 흥행에 성공하면 자신이 하고자 하는 영화를 계속해서 만들어낼 수 있다. 어떻게 보면 굉장히 위험도가 높은 직업 분야다.

아마도 이 책을 읽은 독자들의 직무 영역이나 작업 환경은 영화감독들과 상당히 다를 것이다. 특정한 조직에 속해 있으며, 조직 안의 체계에 의해 주어진 과업을 추진해가는 경우들이 훨씬 더 많을 것이다. 흥행 감독들의 사례를 기계적으로 적용하는 건 당연히 무리일 수밖에 없다.

그럼에도 불구하고 흥행 감독들의 사례는 우리가 간과할 수 없는 시사점을 던져주는 것 역시 부인할 수 없다. 어찌 보면 그들은 흥행이라는 성과 창출을 목표로 가장 아슬아슬한 줄타기를 하고 있는 이들이다. 그래서 더욱 절박하고, 수많은 실패에서 겪게 되는 좌절의 크기도 엄청나다. 그런 상태에 언제든지 빠질 수 있는 상황이라면 무엇보다 굳건한 자기 확신이 없는 이상 견디는 것 자체가 불가능할 것이다. 창의적 열정을 지속적으로 유지하는 가운데도 많은 사람들과의 관계 속에서 원활한 협업의 중심축이 되어야 하고, 자신이 영화를 통해 말하고 싶은 것과 관객들이 보고자 하는 것 사이에 접점을 만들어내기 위해 끊임없이 고민해야 한다. 그런 흥행 감독들의 사례는 우리에게 상징적인 지침을 제시한다. 가장 절박하고 가장 첨예하고 가장 위험한 상황에서 성과를 만들어냈기 때문이다.

#1.
"열정은 일관성을 가진 도전이다"

양우석, 〈변호인〉 감독

어떤 프로젝트든 거기에 참여하는 이들에게 열정이 탑재되어 있지 않으면 성과 자체를 기대할 수 없다. 주어진 과업을 대충 마무리 지으려는 이들이 조직의 다수를 차지한다면, 자기에게 주어진 일만 수행하는 데 만족하는 사람들이라면, 그저 월급만 꼬박꼬박 받아가는 거에 만족하는 이들이라면 성과는 물론이고 과정에서부터 삐걱대기 시작할 것이다. 열정은 추진력이며 에너지이기 때문이다. 애초에 에너지가 없으니 동력이 발생할 리 없다. 창의적 열정은 성과 창출의 선결 조건이다. 그렇다면 도대체 열정이란 무엇일까? 그건 어떻게 만들어지는 것일까?

〈변호인〉의 양우석 감독에게 열정은 끊임없는 도전 정신이다. 실제로 그는 〈변호인〉을 찍기 전에 대단히 다양한 분야에서 일했다. 그러나 일관성 있게 영상 콘텐츠와의 연계성을 유지했다. 그랬기 때문에 〈변호인〉의 연출 기회를 잡게 된 셈이다. 이제 양우석 감독은 흥행 감독의 반열에 올라 있지만 자신의 전문 분야인 영상 콘텐츠라는 더 큰 영역 안에서 또 다른 분야에 도전할 계획을 세우고 있다.

양우석 제가 의료보험카드를 세어보니까 열한 개 가지고 있더라고요.

최광희 열한 개? 열한 번 직장을 옮기신 거네요?

양우석 그중에서 명퇴를 두 번 당했어요.

최광희 어떤 분야에서 뭘 하셨는지요? 대충 서너 개 정도만 말씀해주세요.

양우석 주로 방송, 영화, 그다음에 영화 후반 작업. 여러 직업을 전전했지만 이런 쪽에서 떠난 적은 없어요. 영화와 방송 관련된 콘텐츠 비즈니스에서 떠난 적은 없습니다. 물론 가끔 아이티 기반한 무슨 컨설팅 아르바이트를 했던 건 사실이지만, 그 파트도 완전히 콘텐츠하고 관련이 없는 건 아니라 20여 년 정도 콘텐츠 분야와 떨어진 적은 없던 것 같습니다. 어찌 됐든 저의 인생 후반 목표는 애니메이션 산업을 한국에 정착시켜 보고 싶다는 겁니다. 어찌 보면 대한민국에서 모든 문화 콘텐츠가 어느 정도 성취를 이뤘는데 유일하게 극장판 애니메이션은 그 정도까지 올라오지 못한 게 사실이라서, 저도 그쪽에서 십 몇 년 일해서 극장판 애니메이션이 어느 정도 자리를 잡을 수 있게끔 남은 인생을 거기에 쏟아붓고 싶습니다.

#2.
"열정은 몰입이다"

이병헌, 〈스물〉 감독

'열정만 가지고 있으면 안 되는 게 없다'는 말은 사실 너무 쉽다. 열정이 있어도 안 되는 게 있는 게 현실이다. 오죽하면 〈열정 같은 소리 하고 있네〉라는 영화 제목이 나오는가. 그렇다면 여기서 이런 질문을 해볼 수 있을 듯하다. 과연 어떤 열정이 성과로 이어질 가능성이 큰가?

영화 〈스물〉로 흥행 감독이 되기 전까지 이병헌 감독은 사실상 백수에 가까운 생활을 해야 했다. 월세방에 살면서 상업영화의 각색 작업을 도와주는 걸로 생계를 이어갔다. 감독 데뷔작으로 준비하던 영화들이 여러 가지 변수들 때문에 중단되는 일들도 잇따랐다. 포기하고 싶을 때가 한두 번이 아니었지만 그때마다 그는 자신이 가장 좋아하는 것, 그러니까 시나리오를 쓰는 작업에 몰입하며 열정을 키워 왔다. 영화로 만들어질지 안 될지는 모르지만, 어쨌든 그는 쉬지 않고 자신만의 대사 창고를 만들었다. 그 창고 안에서 하나하나 빛나는 아이디어의 대사들을 꺼내 적절한 영화의 시나리오에 활용했다.

'창의적 열정'이란 그렇게 자신이 가장 좋아하는 것을 반복할 수 있는 몰입력이다. 그 몰입과 반복을 통해 열정은 불질과 담금질을 오가며 실력으로 승화될 수 있는 것이다.

이병헌　제 노트북을 열면 '작업'이란 폴더가 있어요. 작업 중이라는 거예요. 파일이 몇 개가 돼요. 그 안에 있는 대사 중에 이 시나리오에 어울리겠다, 하면 그 파일을 열어서 대사를 써요. 그런 식으로 작업하고 있는 시나리오가 몇 개가 되는 거죠. 그게 언제 완성될지 상관도 없고 저도 언제 완성될지 모르고, 그냥 그렇게 작업하는 파일이 일곱 개쯤 돼요. 그런 식으로 작업해요.

최광희　그걸 한꺼번에 작업하시는 거예요?

이병헌　하루에 몇 페이지 쓸 때도 있고, 아니면 대사 한 줄만 쓰고 끝 때도 있고. 완성 안 돼도 상관없어요, 그냥 메모지 같은 거죠.

#3.
"협업은 존중과 신뢰다"

윤제균, 〈해운대〉 〈국제시장〉 감독

개인의 창의적 열정이 조직 안에서 잘 어우러지도록 하는 것, 그것이 바로 협업의 미덕이다. 영화와 마찬가지로 우리가 수행하는 프로젝트들 가운데 혼자서 할 수 있는 건 사실상 거의 없다. 대부분 누군가와 함께해야 하는 것이다. 그래서 협업이 얼마나 원활하게 이루어지느냐는 성과 창출이라는 목표를 향해 가는 길에 있어서 굉장히 중요한 관건일 수밖에 없다.

협업의 기반은 조직 구성원들 간의 상호 존중과 신뢰다. 서로의 역량을 믿지 않고 구성원들이 가진 각자의 다양성을 존중하지 않는다면 신뢰가 만들어질 수 없다. 신뢰가 없는 상태에서는 협업도 기대할 수 없는 건 당연할 것이다. 이른바 '쌍천만' 영화의 주인공 윤제균 감독은 그런 점에서 작업 과정의 협업을 상당히 중요시한다. 그리고 앞에서도 확인한 바와 같이 그의 협업 철학은 바로 역지사지의 태도를 유지하는 것이다. 입장을 바꿔 생각해볼 때 존중과 신뢰가 자연스럽게 생겨난다는 것이다.

협업이 잘되려면 서로에 대한 존중이 있어야 하죠. 감독부터 막내 스태프까지도. 일하면서 싸우는 것은 정말로 긍정적인 싸움이라고 생각해요. 치고받고만 안 하면 아무리 싸워도 괜찮다고 생각해요. 그래야 발전이 있지, 시키는 대로만 하는 조직에 무슨 발전이 있겠냐고요.

일이 되려면 이 사람이 나를 좋아하고 애정이 있다는 것을 알아야 적극적이 되잖아요. 내가 막내의 입장으로 역지사지를 해보는 거예요. 돈 얼마 받지도 않는데 밤에 잠도 못 자고 젊은 나이에 욕까지 들어가면서 해야 하나, 이런 생각도 들 거잖아요. 상처를 안 주고 싶은 거예요. 그럼 감독만 혼자 따듯한 곳에 가서 '컷', '오케이'나 하고 앉아 있으면 안 되는 거예요. 감독이 역지사지해서 막내 스태프 입장이 되어보면 '쟤도 힘들겠지' 생각하게 돼요. 왜냐하면 쟤도 인생을 걸고 하는 거잖아요. 잘되면 위로 올라갈 거고 잘못되면 밑바닥에 떨어져서. (스태프들도 감독에 대한 역지사지가 필요하다고 봐요) 제작하다 잘못되면 장사라도 하지, 감독 하다 잘못되면 뭘 하지? 감독 하다가 감독 안 하면 할 것도 없어요. 다시 월급쟁이 할 거야? 안 되잖아.

#4.

"최적의 협업 환경이
최고의 성과를 만든다"

우민호, 〈내부자들〉 감독

조직 구성원들 사이의 존중과 신뢰가 협업을 위해 터를 닦는 일이라면 그 위에 벽돌을 쌓아 그럴듯한 집을 짓기 위해 실질적으로 필요한 협업의 열쇠는 바로 좋은 협업의 환경을 구성하는 것이다. 아무리 구성원들이 열정으로 똘똘 뭉쳐 있고 서로 마음이 잘 맞는다고 할지라도 프로젝트를 수행해나가는 과정의 환경이 척박하다면 좋은 성과로 이어질 확률을 상쇄시켜 버린다.

최적의 협업 환경은 성과를 극대화할 수 있는 물리적인 여건을 마련하는 것에서부터 출발한다. 일단 구성원들이 충분히 목표를 공유하고 돌발적으로 발생하는 문제를 해결할 수 있는 시간이 주어져야 할 것이다. 그 프로젝트에 가장 잘 맞는 인적 자원을 구성하는 것도 상당히 중요하다. 〈내부자들〉의 우민호 감독은 바로 그렇게 최적의 환경 속에서 최대의 성과를 만들어낸 대표적인 사례라고 할 수 있다.

〈내부자들〉이 그렇게 흥행이 되고 좋은 성과를 거뒀던 건 아마 제가 원 없이 하고 싶었던 대로 할 수 있었기 때문인 것 같아요. 내가 같이하고 싶었던 배우들이랑 내가 같이하고 싶었던 스태프들이랑 그렇게 시작한 거죠. 그러기 쉽지 않거든요. 특히나 두 번 실패한 감독은 그렇게 판을 짜기가 쉽지 않아요. 대부분 누군가가 판을 깔아주든 자기가 원하지 않는 판에서 놀든 그렇게 될 수 있는 확률이 더 큰데, 저는 어쨌든 운이 좋았죠. 물론 제가 시나리오를 괜찮게 썼기 때문에 그 시나리오로 뭉치는 거니까 제가 원했던 선수들로 다 구성할 수 있었던 거죠.

5.
"사람에게 인생을 걸어라"

이준익, 〈왕의 남자〉 〈사도〉 감독

많은 조직체의 협업 과정에서 흔히 목격되는 것은 사람을 도구화한다는 것이다. 사람을 성과와 실적을 만들어내기 위한 구성 요소로서 대하는 것이다. 그렇게 되면 도구가 된 구성원이 자존감을 갖기 어려워지는 건 당연한 노릇이다. 프로젝트의 주체가 아니라 동원되는 한 요소일 뿐인데 어떻게 그 프로젝트에 자신의 열정을 투여하며 자발적인 에너지를 쏟아부을 수 있겠는가. 누구라도 그런 상황이라면 딱 제게 주어진 역할만 하고 말 것이다.

'우리가 이 일을 하는 목적은 무엇인가', 이런 질문에 대한 해답을 조직 구성원 모두가 공유하고 있는 게 가장 바람직하다. 물론 최종적인 목표는 기대했던 성과를 만들어내는 것이다. 하지만 그 성과를 향한 과정에서 구성원들이 스스로 도구가 아님을 믿는 것은 대단히 중요하다. 즉, 프로젝트의 과정 자체를 구성원들이 즐길 수 있어야 한다는 것이다. '아, 이 사람들과 함께하는 이 순간이 너무나 소중하고 즐겁다', 이렇게 생각할 수 있어야 한다는 것이다.

따라서 협업은 조직적 차원의 열정이라고 할 수 있다. 또한 협업은 조직 내부의 공감 만들기이기도 하다. 구성원들에 대한 긍정적인 독려와 동기부여가 필요한 이유다. 〈왕의 남자〉와 〈사도〉에 이어 저예산 영화 〈동주〉까지 성공시킨 이준익 감독 역시 바로 그런 협업의 철학을 가지고 있다.

〈동주〉를 찍고 크랭크업 하고 나서 내가 밴드에 마지막 남긴 말이 그거야. '영화에 인생을 걸지 마라, 그 영화를 찍는 사람한테 인생을 걸어라.' 그게 마지막 쓴 문장이에요. 내가 하는 일에 목숨 걸지 말라는 거야. 나랑 그 일을 같이하는 사람에게 인생을 걸어라. 그건 획기적인 것도 아니에요. 내가 한 말이 가장 성숙한 수단과 방법으로 가는 거라 생각해. 〈동주〉, 그 저예산 영화의 30명쯤 되는 스태프들이 돈으로 모자란 거 몸으로 메워가면서 그 짧은 시간 안에 해낸 것은 성숙한 집단의 에너지 발산이었다고. 그러니까 동료에게 목숨 걸어라. 네가 하려는 욕망에, 인생에 목숨 걸지 말고.

#6.

"공감은 보편적 감수성에서 나온다"

진모영, 〈님아, 그 강을 건너지 마오〉 감독

흥행 영화들의 사례를 통해 우리는 성과의 창출이 곧 공감이라는 시사점을 얻을 수 있었다. 공감이란 한 조직의 성과물이 어떤 가치를 가졌는지를 잘 파악하고, 그 가치를 알리고 확산시킬 수 있는 최적의 소통 방식을 판단하고 실행함으로써 극대화된다.

간과하지 말아야 할 것은 공감은 보편성에 호소할 때 더 큰 설득력을 얻을 수 있다는 것이다. 누군가에게는 특별할 수 있지만 다수가 외면하는 성과물은 공감을 얻는 데 실패한 것이다. 가능한 많은 이들이 공감할 수 있는 내용과 형식, 그 키워드는 바로 인간이라면 누구나 가지고 있는 보편적 감수성이다. 〈님아, 그 강을 건너지 마오〉의 흥행도 바로 그런 보편적 감수성을 건드렸기 때문에 가능했다고 진모영 감독은 진단한다.

그 사람들이 펼쳐낸 사랑 이야기들은 반드시 언어의 장벽을 넘어서 전 세계 사람들이 공감하기 충분한 이야기라고 생각했던 거죠. 보편적인 부분을 반드시 끌어낼 수 있을 거다. 그러면 관객들은 거기에 분명히 반응할 것이라고 생각했어요. 이 영화는 지극히 산업적이고 지극히 상업적인데, 그런 측면에서는 지극히 관객에게 맞춰진 영화라 봐야죠. 그렇지만 돌려서 얘기하면 그런 것들에 크게 구애받지 않고 오로지 하나의 목적을 달성하는 데 집중한 거죠. '사랑의 공감대를 끌어내라.'

#7.
"공감은 매혹이다"

최동훈, 〈도둑들〉〈암살〉 감독

앞에서 보편적 감수성이 중요하다고 강조했지만, 그렇다면 사랑 이야기를 다룬 모든 영화들은 다 공감을 이끌어낼 수 있을까? 반드시 그런 건 아니다. 이 세상에는 실패한 사랑 영화들이 훨씬 더 많다. 보편적 감수성은 필요조건이긴 하되 충분조건은 아니라는 얘기다. 그렇다면 여기에 플러스알파를 얹어야 한다. 그 성과물만이 사람들에게 줄 수 있는 개성과 매혹을 갖추는 것이다. 사람이라면 누구나 공감할 수 있는 소재의 영화라 할지라도 그것이 진부한 방식으로 소개된다면 공감을 얻기 어려운 것과 같은 이치다.

그러기 위해선 익숙한 것과 새로운 것을 잘 배합하는 것이 중요하다. 또한 반보 정도 앞서 있을 필요가 있다. 그러니까 내용이 익숙하면 형식이 새로워야 하고, 내용이 새롭다면 형식이 익숙해야 한다는 얘기다. 바로 그 지점에서 어떻게 사람들의 시선을 사로잡을 수 있는 매력을 만들어가느냐가 가장 중요한 관건이 되는 것이다. 이것은 한 프로젝트의 기획 단계에서부터 수행 단계 그리고 그것을 포장하고 알리는 단계에까지, 성공적인 성과 창출을 위한 전 과정에 모두 적용돼야 하는 공감의 필요충분조건이다.

최동훈 하나의 감정을 주는 게 공감이라고 생각하진 않아요. 각자 다 보는 사람마다 다른 거죠. 왜냐면 저는 대중 또는 관객은 결국 모두 다 개별적인 존재라고 생각하거든요.

최광희 그 사람들에게 어쩌 됐든 긍정적이고 매력적인 뭔가를 주어야 하는 거잖아요. 그게 뭘까요?

최동훈 그렇죠. 그런데 부정적인 것도 재밌을 때가 있으니까. 특히 매혹적인 것은 정말 끝까지 추구해야 되는 어떤 것인 것 같아요. 아름다운 여자를 이기는 방법은 매혹적인 여자가 되는 거거든요. 예전에는 영화에서 구조가 더 중요하다고 생각했었어요. 그런데 지금은 매력이 더 중요하다고 생각해요.

지금까지 우리는 일곱 명의 흥행 감독들을 통해 어떻게 광범위한 공감을 이끌어낼 수 있는지에 대해서 살펴봤다. 다시 한 번 정리하면, 영화 흥행이라는 성과는 감독들의 창의적 열정이 원활한 협업 과정을 통해 공감을 만들어낸 결과물이라는 것이다. 지금까지 우리가 살펴본 '열정', '협업', '공감', 이 세 가지 키워드를 되새겨 보기 바란다. 그리고 여러분의 직무 분야에서 그것을 어떻게 적용할 수 있을 것인지에 대해 생각해보았으면 한다. 그러기 위해서는 번역의 과정이 필요하다. 즉, 흥행 감독들의 공감 노하우를 여러분의 분야에 맞추는 해석의 수고가 전제되어야 한다는 것이다. 그건 물론 바로 여러분이 수행해야 할 몫이다.

천만 관객의 비밀
흥행의 고수들은 어떻게 일하는가

1판 1쇄 발행 2016년 9월 30일
1판 2쇄 발행 2016년 10월 10일

지은이 최광희
펴낸이 조윤지
P　R 유환민
책임편집 정은아
디자인 woojin(宇珍)
사진 씨네21, 연합 HELLO PHOTO

펴낸곳 | 책비(제215-92-69299호)
주소 (13591) 경기도 성남시 분당구 황새울로 342번길 21 6F
전화 031-707-3536
팩스 031-624-3539
이메일 readerb@naver.com
블로그 blog.naver.com/readerb

'책비' 페이스북
www.FB.com/TheReaderPress

※ 책값은 뒤표지에 있습니다. 잘못된 책은 구입처에서 교환해 드립니다.

책비(TheReaderPress)는 여러분의 기발한 아이디어와 양질의 원고를 설레는 마음으로
기다립니다. 출간을 원하는 원고의 구체적인 기획안과 연락처를 기재해 투고해 주세요.
다양한 아이디어와 실력을 갖춘 필자와 기획자 여러분에게 책비의 문은 언제나 열려 있습니다.
· readerb@naver.com